美 的 关 照

# 古镜

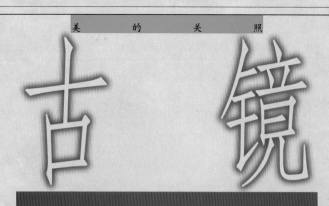

陈 晴

编著

上海书店出版社

西汉 见日之光四乳草叶纹镜

# 镜　　　与　　　人　　　生（代序）

关于镜子，唐太宗李世民曾有过一段流传千古的名言："以铜为镜，可以正衣冠；以古为镜，可以知兴替；以人为镜，可以明得失。"这里，"镜"字共出现了三次，意义却有双重：它不仅仅是人们修饰美容的用具，而且已经成了一种象征 — 反映事物真实面目的载体，一种评判事物是非曲直的标准。从容颜的反映，到人生的观照，这种由本质至外延的扩展，正是中国古镜所特有的性格。

中国古镜的产生，迄今已有数千年。它作为日常生活的用器，无论贫富贵贱，不分男女老少，均必备常用，与人们生活的关联，不可谓不密切，而作为精美的工艺品，"其刻画之精巧，文字之瑰奇，辞旨之温雅"一身兼善，更是历来文物中所罕见。因此镜子之深得人们的青睐和喜爱，也就不足为奇了。千百年来，人们使用它，收藏它，研究它，蔚然成风，至今不衰，甚至将美好的情感、神奇的幻想寄寓其中，使它成为中国物质文化中历久不衰的独特品类。

中国古代的镜子，应用范围之广是十分惊人的。它是人们生活中每日必不可少的生活用具：唐代镜铭中"照日菱花出，临池满月生，官看巾帽整，妾映点妆成"的词句，诗化地描绘了人们揽镜形貌，修饰美容的景象。汉镜上常见的"见日之光，天下大明"的铭文，则是人们期望借助镜子耀眼的光芒破除邪恶的心理反映，也是镜子作为人们心中扫除阴暗、驱逐魔障的神器的证明。中国古代的镜子，往往饰有非常精丽的花纹，是珍贵的艺术品，因此也就成了人们互相馈赠的首选佳品。李白《代美人愁镜二首》中有"美人赠此盘龙之宝镜，烛我金缕之罗衣。时将红袖拂明月，为惜普照之余晖。"的名句，正反映了当时把镜子当作礼物赠送的风气。而此种风气之盛，甚至及于宫廷的赏赐和国际间的交往。而在日本、朝鲜、蒙古、伊朗、原苏联境内发现的中国铜镜，则说明了镜子在国际交往中的特殊地位。历代以来，中国镜子通过各种不同的渠道输往海外，对周边国家，尤其是东亚的铸镜业产生了巨大的影响，特别在对外交往频繁的汉唐时期，更是中国铜镜向外传播的黄金时期。据《三国志·魏志·倭人传》记载，汉景初二年，倭女王遣使进贡，魏文帝赠送的礼品中即有"铜镜百枚"。日本的考古发掘中不仅发现了中国的魏镜、吴镜，还发现了东渡日本的工匠制作的铜镜和当地工匠仿制的"倭镜"，可见中国铜镜对日本的影响。唐代无论海陆，交通都极其发达，各国商旅使节往来不绝，铜镜的输出更是十分广泛，而同时大量具有西域色彩的图案纹饰也出现在中国铜镜上，体现出我国镜子在对外传播过程中也吸收了很多外来的因素。

中国古代的镜子，除了在各种不同的场合广泛地被应用，还被赋予了各种各样的美好寓意。唐代名臣魏徵曾云："夫鉴性之美恶，必取于止水，鉴国之安危，必取于亡国。"这是从镜子的饰容作用来引喻社会、历史中的大事，阐发人生的哲理。

从远古到今天，镜子的发展已走过了漫漫几千年的里程。它既是日常必备的用品，又是制作精细的工艺美术品，优美而精巧，朴实而平易，与人们的生活息息相关，已成生活中一个不可或缺的部分。因为常用，所以数量众多，品种丰富而价格不高，是收藏者们可以大展身手的领域，因为精美，所以值得保存，宜于欣赏并进行研究，是收藏者乐于介入的品类。早在古代，镜子就是颇受亲睐的藏品，近年来随着收藏市场的不断热闹和收藏队伍的日渐扩大，镜子的收藏也越来越受到注目。这本小书，是给收藏镜子的朋友们的一份小小礼物，希望能给大家带来一定的收获。

# 目录

美 的 关 照

# 镜之源

## 一、止水吉金——古镜的早期发展

### 1. 镜子的起源

世界上最早的镜子发现于土耳其一个叫做恰塔尔休于的地方，在距今八千多年的古文化遗址中出土了一些用黑曜石制成的镜子，它们都出自妇女的墓葬，使用者是一些女祭司。大约到了四五千年前，金属的镜子开始登上历史舞台。这一时期，在伊朗、伊拉克、巴基斯坦的古文明遗址中都发现了铜制的镜子，在埃及的墓葬中还出现了妇女执镜化妆的浮雕（图1~2）。它说

图2 古埃及贵妇执镜纸草图案
出自第20王朝（约1100BC）的彩绘纸草文书 "安赫的《亡灵书》：极乐之野和奥里西斯"，发现于底比斯。

图1 古埃及象牙长柄镜
青铜与象牙质地，第十八王朝，约1375BC~1300BC，镜面最大直径14.3厘米，相传出自底比斯的阿尼墓葬。

明，镜子已经在世界各地普遍地开始使用了。

中国镜子的起源长期以来众说纷纭。根据文献，春秋时期《墨子》一书中"君子不镜于水而镜于人。镜于水，见面之容；镜于人，则知吉与凶。"是"镜"字最早见于文字的记录，而晋代顾恺之《女史箴图》中贵妇对镜梳妆的画面则是人们最早看到的古镜的形象。当然更久远的传说还可以追溯到四、五千年前的黄帝时期，《轩辕黄帝传》记载黄

**图3 齐家文化 七角星纹镜**

径约8.9厘米，1976年青海尕马台出土，是中国发现最早的铜镜之一。

**图4 西周鸟兽纹镜**

铜质的镜子，又将中国铜镜的始铸年代提前了整整一千年。

2. 春秋战国以前的古镜

虽然早在四千多年以前已有了铜镜（图3），但在春秋战国以前的几千年里，一共只有24面铜镜传世，真可谓凤毛麟角。而这些铜镜中，还有一些可能并非美容修饰的用具。如上面提到的那两面齐家文化的铜镜，造型较小，制作粗朴，铸造水平低下，有一面还在镜子边缘留有两个供悬挂的洞，显然很难用作整容用具，而更像是一种佩件。一些专家指出，它们很可能是被作为装饰品或具有特殊意义的法器佩带在身上的。

即使用于照容，当时的镜子使用范围也十分狭窄。商代的铜镜共

帝因为受到月亮光明灿烂，照物有影的启发，"因铸镜以像之，为十五面，神镜宝镜也。"又说："帝既与西王母会于王屋，乃铸大镜十二面，随月用之。"相传他铸镜后在曾今天绍兴的鉴湖边磨镜子，湖边之石至今蔓草不生，因此人们也把鉴湖叫作镜湖。

最早经考古发现的镜子要数1932年12月23日由著名考古学家梁思永在河南安阳殷墟遗址中找到的那一枚，它用实物的形式证明了中国镜子的起源至少是在距今三千年前的商代。1975年和1976年，新中国的考古工作者们连续在甘肃和青海的齐家文化墓葬中发现了两面

发现五枚，都出土于贵族的墓葬中，而其中四面更是同时出土于一个墓中，可见当时铜镜使用地区和阶层的有限。西周时铜镜的发现较前为多，一共有十六面，且分布于陕西、河南、北京、内蒙古等不同地区，在使用范围上有了明显的增加，并且制作也更精良，出现了较为精美的鸟兽纹（图4）、重环纹等相对复杂的装饰。然而，与那个时代大量制作、精心装饰的的青铜礼器相比，铜镜仍然是很不起眼的小玩意，数量、质量远远落后，并非

十分必要和流行的器具。而当时大多数人用来饰容的工具是一种称为鉴的容器。

鉴（图5），是一种平底、深腹、大口的容器，形体硕大，用以装水。由于水面清澈平静，正如一面巨大的镜子，可以供人照面，因此它长期被当作一种天然的镜子使用。《诗经·邶风·柏舟》中有"我心匪鉴，不可以茹"的诗句，反映了古代以鉴为镜的历史状况。早期的鉴多为陶质，与原料昂贵、制作复杂的青铜镜相比价廉而物美，自然是

图5 春秋晚期 吴王夫差鉴

上古时代的大型容水器，可用于盛水鉴容、沐浴，或用作冰鉴。此器为吴王夫差自用，相传出土于河南辉县，现藏上海博物馆。

**图6 战国 兽纹镜**
径约19厘米，1952年湖南长沙斗笠坡744号墓出土。镜背饰四兽，绕钮布置，以羽状纹为地，为典型的战国兽纹镜。镜缘曾朱绘菱纹，大部分已脱落。

**图7 战国 四叶纹镜**
径约11.7厘米，1952年湖南长沙丝茅冲78号墓出土。镜背饰四叶及羽翅状地纹，为典型的战国花叶镜。

上选的佳品。所以在战国以前的漫长岁月里，虽然已有了青铜镜，鉴却一直是镜子世界里的主力军，直到铜镜普及的春秋战国时代，也还流行了很长时间。

### 3. 铜镜的普及与流行

春秋战国是中国古代社会大变革、大发展的时代，铜镜工业应时随势，茁壮成长，取得了巨大的进步。而中国镜子也由此而进入了一个延续几千年的铜镜时代。这一时期，铜镜的数量大大增加，从各地出土和自古流传至今的铜镜达到了上千枚，是齐家文化以来发现铜镜的几十倍，且分布异常广泛，各地均有出土，甚至一些边远地区亦不

乏其例。可见，铜镜这种精美而实用的日用品此时已是非常普及和流行了。同时它在人们生活中的作用又有了进一步的拓展，一些用途特殊的铜镜在此时出现。1957年在河南陕县上岭村虢国墓出土的一面青铜圆形弧面镜，镜面微凹，上有焦斑，与普通铜镜显然有别。其实这是一面聚光取火的阳燧，其使用原理与今天的太阳能装置相同，是把光能转化为热能的装置。它的出现，说明早在春秋早期，人们已掌握了很高深的物理知识。

春秋战国时的铜镜类型极其复杂，以花纹和制作工艺区分，多达十几类数十种。其中最常见的

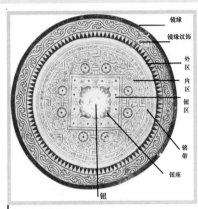

图 8 铜镜基本式样图

行一时的纹饰,如蟠螭纹、饕餮纹、羽状纹(图9)、涡形纹,云雷纹等,显示了铜镜工艺与青铜器铸造的密切关系;有的则按照铜镜的造型特色加以装饰,如山字纹、菱形纹、花叶纹、连弧纹、龙凤纹、兽纹等,表现了丰富的创造能力和个性特点。同时,即使是传统的花纹,也刻意经过新的设计,具有浓郁的"铜镜风格",表明这一时期的铜镜铸造已不是一味依赖青铜器的铸造,而成为一个相对独立的工艺品种了。从装饰风格来看,这一时期的纹饰以精致为特色,线条活泼流畅,布局整齐不呆板。对称式布局十分常

是传统的素镜、与青铜纹饰相似的羽状纹镜、饕餮纹镜、蟠螭纹镜及具有铜镜自身独特风貌的兽纹镜(图6)、花叶镜(图7)、山字纹镜等等,这些镜子大多质地轻薄,形制规范,铸造精细,反映出当时青铜铸镜业的高超水平。

铜镜发展至春秋战国时期,已有两千多年的历史,其主要形态大致确定,形成了固有的模式(图8),对以后的铜镜发展带来了长远的影响;而其花纹的装饰则种类丰富,制作精美,形成了特有的艺术体系和风格。

春秋战国时期的铜镜花纹大体可以划分为几何纹、动物纹和植物纹三类,其中以几何纹最为流行。这些花纹,有的是商周青铜器上流

图 9 战国 羽翅纹镜

径 12 厘米。整个镜背饰铸造精密的羽翅纹,风格类似同期青铜器上的纹饰,是战国时特有的纯地纹镜。现藏上海博物馆。

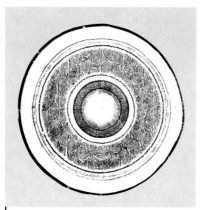

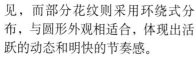

图 10 战国云雷纹镜（纯地纹镜）

图 11 战国 四山镜

径 17.3 厘米。镜背以羽翅纹为地，上置四个山字形，绕钮左旋，两山字间浮雕回顾状的鹿纹。现藏上海博物馆。山字纹镜是战国镜中的大类，尤以四山镜居多，而三山镜仅见一例，五山、六山亦少见。此镜于山字间置鹿纹，传世罕见，较为珍贵。

见，而部分花纹则采用环绕式分布，与圆形外观相适合，体现出活跃的动态和明快的节奏感。

春秋战国铜镜的装饰手法，大致有线雕、浮雕、彩绘、嵌错等，风格各自不同。线雕指以凹或凸的粗细线条组成花纹，在视觉上给人以一种平面的图案化效果的装饰手段。春秋战国时的纯地纹镜（图10）和以精细的地纹为底，装饰有其他主纹的山字镜（图11）、花叶镜等等都采用这一装饰手法。

浮雕装饰的镜子（图12）在春秋战国时期十分罕有，流传更是少见，但这类镜子花纹的块面大，厚度高，富有很强的立体感，艺术性较高，对以后铜镜装饰的发展影响

颇深。

彩绘镜（图13）是楚国特有的高档产品，它结合金工与漆工，突破铜镜色泽比较单一的缺陷，使色彩与金属光泽互相辉映，绚烂华美。

嵌错工艺也是战国青铜器上十分流行的装饰手段，当时北方的铜镜上也曾经使用金银、琉璃、玉石等镶嵌加工，出现了一些非常精美的作品（图14）。

春秋战国时期是列国纷争的时代，铜镜的制作也显示出丰富的地域性。楚国是当时铜镜工业最发达

**图 12 战国 四虎镜**

径 12.2 厘米。镜背饰四虎，头部相向作啮钮状。四虎均
为高浮雕，是战国罕见的浮雕镜。相传 1948 年出土于河
南洛阳金村，现藏上海博物馆。

**图 13 战国 彩绘方格卷云纹方镜**

长约 8.4 厘米，宽约 8.3 厘米。1986 年湖北江陵雨台山 10
号墓出土。铜胎，背黑漆地上用红、黄二色绘方格和卷云
纹，四周边绘红带纹。

**图 14 战国 镶嵌绿松石透雕几何纹镜**

径 10.6 厘米。镜背饰透雕几何纹，上有纤细云纹，钮座、方框、镜缘均以绿松石镶嵌，精美华丽。现藏日本千石唯司。

图16 东北地区的多钮镜

遥相呼应，共同构成了此一时期铜镜生产的兴盛局面。

## 二、奇景幻境——汉代铸镜业的繁荣

### 1. 秦代铜镜的状况

秦代享国短暂，因而铜镜铸造仍保留了战国末期的风格，只有极少数的镜子具有秦代独特的风貌。一般认为，战国末期的三弦钮素面镜、弦纹镜、羽状纹地四叶纹镜、云雷纹地四叶纹镜、折叠菱花凤鸟纹镜等都沿用到了秦代，而四猴纹镜（图17）、狩猎纹镜（图18）等则是此时罕见的新品种。狩猎纹的题材在战国时代的铜镜中已经出现，但秦代的狩猎纹在装饰手法和艺术风格上都与前者不尽相同，体现了自身特有的面貌，是研究秦代镜子发展的重要材料；而四猴纹镜则更是极为罕见的秦镜式样。这种四猴纹式样的镜子，曾在湖南的汉代墓葬

图15 战国错金银蟠螭纹镜

的地区，不仅普及程度广，铸造质量上佳，流传也很远，遍及各地，甚至一些流传到国外的镜子都是楚式的。而北方发现的铜镜虽然不多，但具有鲜明的地方特色，如河南、山东的错金银（图15），东北地区特有的多钮镜（图16）等，与南方

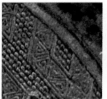   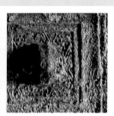

图 19 狩猎纹镜与四猴纹镜地纹及钮式比较

**图 18 秦 狩猎纹镜**
径约 10.4 厘米。1975 年湖北云梦睡虎地秦墓出土，镜背以双线勾连雷纹为地，上饰两武士与双豹搏斗。此镜为罕见的秦代镜式，但亦有人认为是战国遗物。

**图 17 秦 四猴纹镜**
径 11.9 厘米。镜背以勾连雷纹为地，上饰四猴与花苞一一相间。此类镜发现极少，曾在湖南西汉早期墓葬中出土，但其钮式、地纹及厚度等则均具有更早的风格，或认为是秦代遗物。又有一说其最早可为战国晚期物。现藏上海博物馆。

中出土，一度被认为是西汉早期的镜子。但通过仔细的观察，镜子的钮式、地纹、厚度、镜缘等都具有较汉代铜镜更早的风格（图19），而这种镜子在以后的汉镜中也不见进一步的发展，因而，可以确认，它是秦代特有的镜式。

秦代的镜子发现虽少，但秦镜的质量却是大大的有名。相传秦始皇曾有一面具有魔力的宝镜，能照见人的心肺胆胆。因为古人认为人的思想意识活动是通过心肝这一类的器官来进行的，因此秦始皇有了这面宝镜就可以用它来检验后宫女眷的忠诚。这则传说真实与否姑且不论，却从另一个侧面说明了秦镜的高质量。

### 2．汉代铸镜的繁荣

汉代是中国历史上的盛世，手工业获得了蓬勃的发展。汉代的铜镜，则集中体现了这一时期金工的发达水平。

汉代铜镜在战国、秦代的基础上继续大规模的发展，数量极为巨大。目前发现的墓葬中几乎有 $1/4$~ $1/2$ 都随葬有铜镜，显示出铜镜的日常使用和随葬在当时已蔚成风气，普及之广泛，超过了战国时期。同时，由于国家的统一，铜镜制作技术的传播，汉代铜镜的分布范围也愈加广泛，从南边的广东广西到中

原的洛阳，直到国门之外的日本、中亚、西伯利亚等地区都有中国式的铜镜出土，甚至"高加索，巴尔干的一部分，直到以匈牙利、奥地利为中心，包括部分德国的地区"以及由波斯到巴勒斯坦都有分布的迹象，反映了此时铜镜铸造的兴盛以及流传之广。而汉代的铜镜，随着它数量的激增和益愈的广布，在人们生活中的用途又进一步得以开发。如以铜镜随葬，在汉代已形成风气，并一直影响到以后很长的时期，而镜子的光明璀璨，也令它成为人们心中却邪驱魔、祈福求庇的神奇法器。

与战国时代相比，汉镜突破了原先比较严肃拘谨的图案式的束缚，向着自由豪放、雄健饱满的方向转化，再加上两汉神仙方术思想的流行，铜镜装饰上出现了华丽而刚劲、丰满而神奇的独特风貌。

西汉初年，铜镜的制造并没有显示出大规模变化的迹象，当时流行的装饰题材，有山字纹、龙纹、蟠螭纹、四叶纹等等，都是战国楚镜所常用的，反映了楚汉文化的因因相陈。然而，由于新时代的到来，一些带有新风气的题材也在这一时期悄悄地出现了。草叶纹是这一时期带有新特点的装

图 20 西汉 见日之光四乳草叶纹镜
径约 10.5 厘米。河南洛阳涧西防洪渠出土。

饰，在镜钮的外部由一个大方格围绕，方格的四边上有简短的铭文，四边外往往有四个乳钉装饰将镜背分成对称的四部分，乳钉间则装饰有草叶般的纹样。在镜子的最外缘，还有十几个连续向内凹进的连弧纹装饰（图20）。在这种镜子中，草叶纹、铭文带、四乳区等都是新兴的装饰纹样或装饰手法，对汉代镜子的发展带来很大的影响，尤其是铭文的出现，更使铜镜的装饰艺术出现了一种新的面目。这一时期的镜铭，大多十分简短，且都是些吉祥用语，所以，也有人称之为吉语镜。

汉镜装饰题材的重大变化，发生在汉代中期以后。新兴的草叶镜、铭文镜（图21）、星云镜等逐渐占据了铜镜装饰的主导地位。铭文镜就是以铭文为主要装饰的镜子，在西汉中期兴盛一时，铭文的内容主要有"昭明"、"日光"、"铜华"等，都是表达求吉纳福、美好祝愿的词句。同时，表现宇宙天地、仙乡异境的题材也一天天地增多起来。

星云镜（图22）可谓是这一时期汉人新思维的集中体现。它通常装饰有许多乳钉，并以四个乳钉（或以乳钉为中心组成的四个花瓣）为界，分为四个区域，每区又有3~

图21 西汉铭文镜

图 22 西汉 星云镜
径约 13.2 厘米。1997 年陕西西安汉陵陪葬墓出土。

9个甚至十几个乳钉，以单线或双
线串联成纹，宛若群星闪耀，云气
流动，是一幅地地道道的天文星象
图。据台湾的张金仪先生考证，中
国古代的天文学极其发达，至汉代
对天象已有了非常系统的认识方
法。当时的人把天上的星象分为
东、南、西、北、中五宫，并配以
金、木、水、火、土五行，以天上
的宫廷政府帝星为中心，观察其他
各星的动态，用来预测、占卜地上
所发生的事情。星云镜的装饰，正
是汉人心目中宇宙观的反映。

　　同样反映人们对宇宙、天空的
思考和认识的题材，还表现在西汉
晚期十分流行的铜镜类型规矩纹镜上。

　　所谓规矩镜（图23），是根据
其镜背的主题花纹来命名的。由于
其TLV形的主纹看上去很像木工
工具规矩，所以被称为规矩镜。它
常常和蟠螭纹、草叶纹等配合装
饰。这种花纹其实是模仿汉代非常
流行的一种双人对弈游戏——六博
的棋盘而来的。六博的棋盘呈方
形，上面刻有棋格的式样，正与规
矩纹相似。而六博盘的花纹依然是
汉人心中的宇宙图式。这种把天地
构造的框架纳入棋盘的做法在中国
古代的棋类游戏中是屡见不鲜的
（如象棋的棋盘就象征着以黄河为
界的天下大地）。

　　西汉晚期流行的铜镜式样还有

图23 西汉 大乐贵富规矩镜
径19厘米。镜面饰蟠螭纹及规矩纹，钮外围双线方格铭
区，内有铭文"大乐贵富得所好，千秋万岁，延年益寿"。
现藏上海博物馆。

图24 西汉 长宜子孙四神镜
径约17.7厘米。1975年安徽天长汉墓出土。以柿蒂纹为
钮座，叶间铭文"长宜子孙"，四乳分区，分别饰四神图
案。为典型的四乳禽兽纹镜样式。

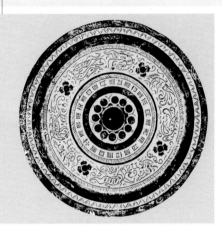

图25 四乳S纹镜与四乳禽兽纹镜

反映神仙瑞兽题材的四乳禽兽纹镜（图24）、四神镜、多乳禽兽纹镜等。

四乳禽兽纹镜由西汉中期流行的四乳S形纹镜（图25）演化而来。四乳S形纹是在镜背的四钮之间配置四条粗壮的S形虺纹的形式，到了西汉晚期，四虺纹渐渐变成了各种奇禽异兽的形象，再到了后来，原先的四个乳钉，变成了五个到七个，即是多乳禽兽纹镜；而在各种奇禽异兽中，青龙、白虎、朱雀、玄武（龟蛇图形）的形象变得最为突出，组合在一起，就构成了"四神"的图案（图26）。这种题材在汉镜中使用十分广泛，有时还与吉语共同装饰镜背，其影响也十分深远，直至唐宋时代依然非常流行。

有的人认为，这四种动物原本都是原始社会量一些氏族的图腾，象征着勇猛与武力："如鸟之翔，如蛇之毒，龙腾虎奋，无能敌此四物。"后来，由于部落战争、迁徙等因素的影响，以这些动物为图腾的部族逐渐分布到了东、西、南、北不同的方位，久而久之，四种动

图26 四神图样

**图 27 新莽 尚方鸟兽纹镜**
径约18.5厘米。河南洛阳同乐寨15号墓出土。钮座外方
框内饰乳钉，间十二支铭文。中区饰乳钉及规矩纹，其间
饰鸟兽纹，外区铭文一周为"尚方作竟真大好……"等字，
为典型的多乳禽兽纹镜式样。

物也就成了四个方位的守护神，驱
逐邪恶，护卫人们升天，因此深受
一心企望长生升仙的汉人喜爱。

　　四神题材的流行，反映的是
这一时期阴阳五行思想在人们生
活中的重要地位。可以说，这种思
想已经成了汉人思想的骨干，渗
透了他们生活中的方方面面。这
在王莽时期的铜镜装饰中表现尤
为突出。四乳禽兽纹镜、四神镜、
多乳禽兽纹镜、规矩镜等，虽然在
西汉晚期已经出现，但其大规模
的流行，却是在王莽时期。四神的
题材更加广泛地运用，但奇怪的
是往往图形不全，代表北方的玄

**图 28 东汉 长宜子孙连弧纹镜**
径13.75厘米。

武常常缺少，而代之以其他的瑞
兽，有时还有传说中接引人们上
天的羽人形象出现。多乳禽兽纹
镜（图27）十分多见，禽兽的种类
非常丰富，除四神外，往往有三足
乌、九尾狐、玉兔、蟾蜍、熊、人
面神兽等代表着祥瑞的形象。

　　这种既带有丰富想象，又与现
实生活密切相连的装饰题材，一直
延续到了东汉时期，并且有了新的
发展和变化。

　　东汉时期比较流行的镜子除原
先的规矩镜、四乳或多乳禽兽镜
外，还有连弧纹镜（图28）、变形
四叶纹镜、神兽镜、画像镜、夔凤
镜、龙虎纹镜等几种。其中，神兽

**图29 东汉 永康元年神兽镜**

径16.3厘米。镜背分内外区，内区饰辟邪、东王公、西王母、黄帝、伯牙、子期等神话及传说人物，外区铸铭于十二方块内，共四十八字，有"永康元年"纪年（即公元167年），内区镜缘饰神人御车及羽人骑兽各一组，外区为菱形图案一组，纹饰精丽，是汉神兽镜中精品。现藏上海博物馆。

镜（图29）和画像镜（图30）是东汉时期新兴的富有代表性的铜镜类型。这两种铜镜，都是东汉中期以后开始出现并逐渐流行的，且都是在长江流域和南方比较盛行，反映了此时南方铸镜业的蓬勃发展。所谓神兽镜，是以神像、龙虎等题材为主纹的铜镜，它与传统的奇禽瑞兽题材的不同在于，在原先的神兽之中，又添入了众多神话传说人物，如东王公、西王母、南极老人、黄帝、句芒等等，还有许许多多的神仙侍从，使汉人的神仙世界显得更加的完备和热闹，铜镜的气息也

越发的奇幻莫测。东汉的画像镜，同样仍是以神人、瑞兽等作为表现的主要对象，但他们不再是正襟危坐，而是活动开了手脚，或车骑出游，或歌舞取乐，更为活跃地展示着神仙世界里的种种景象。此外，一些人们耳熟能详的历史故事也被搬上了镜子，作为教育后人的素材。

与活泼华丽的南方铜镜相反，东汉时北方比较盛行的铜镜类型，是朴素的连弧纹镜、夔凤镜，同时在南北两地流行的则有龙虎纹镜（图31）、变形四叶纹镜等。

图30 东汉 柏氏伍子胥画像镜

径20.7厘米。镜背以四乳分区，饰春秋时吴王夫差听信谗言，逼迫忠臣伍子胥自尽故事，属历史故事画像镜；外区饰铭文四十五字，内有"吴向里柏氏作镜"等纪氏字样。现藏上海博物馆。

图31 东汉 龙虎纹镜

径约23.8厘米。

汉代铜镜题材的重大变化，也带来了铜镜装饰手段的诸种变化。从西汉早期起，战国时细密的花纹装饰开始变成了较粗大的涡形纹样。到西汉中期，地纹装饰变得越来越模糊，最后终于消失，主纹成为铜镜的惟一装饰，使铜镜风格向着更为自由、写实的方向发展。同时，战国时多见的线雕手法，在汉代也发生了变化，那种宽阔、略凹、折平的装饰线条转化为更显流畅和灵动的双线式线条，东汉中期以后，铜镜的装饰中又出现了类似剪影般的装饰图样和比较浅的浮雕纹样，预示着铜镜装饰风格由线条向平面，再向立体发展的趋向。到了东汉晚期，随着画像镜、神兽镜、龙虎镜等的流行，浮雕技法在装饰中普遍地使用，质量也不断提高，纹饰的立体感愈强，更增添了纹饰的生动与华美。此外，战国时节曾出现的彩绘手法、青铜铸造中常用的鎏金手法、漆器加工中的贴金手法等也被运用到铜镜加工上，大大地丰富了铜镜艺术的表现力。

铜镜纹饰的布局也出现了新的变化。传统的铜镜纹饰往往采用以镜钮为中心环绕式的分布。西汉中期，以四个乳钉为基点组织图案的四分布局在草叶纹镜、星云镜、四乳S纹镜中大量的运用，尤其是草叶纹镜将四乳安排在方框四面的中心，形成左右对称的分布，打破了环绕式分布的心对称格局，对东汉中期以后铜镜纹饰的布局生产了很大的影响。东汉中期以后的铜镜纹饰中，大量地出现了轴对称式的新风格，以镜钮为中心设立一条上下或左右的中线，把各种图案纹饰沿线作对称式的分布，根据纹饰要求进行形式的设计，使内容与形式完美地统一。这种轴对称式布局的镜子，主要有重列式神兽镜（图32）、夔凤纹镜等。此外，东汉末期还出现了在镜钮下压一个单独的龙纹、兽纹或鸟纹的独立式兽纹镜，也是铜镜纹饰布局中新兴的手法。

在汉代的铜镜艺术中，值得注目的，还有铭文的大量出现，这是铜镜装饰中的一大变局。它不但丰富了铜镜的装饰题材，而且用文字的形式诠释了许多铜镜花纹的寓意，反映了汉人对于铜镜的认识，有的还为我们提供了铜镜铸造的年代、地点、技术方法等信息，是今人收藏、研究汉镜的难能可贵的资料。

**图32 东汉 八子神人神兽镜**

径16.7厘米。以钮座为中心，上下以双线为界布置神人神兽纹饰三组，即重列式的神兽镜。外区铸带铭方枚十块，有"八子明竟，……"等内容的铭文。现藏上海博物馆。

## 三、波澜不兴——魏晋南北朝铜镜的中衰

三国魏晋南北朝时期的铜镜，主要是继承了东汉晚期的风格，比较流行的有神兽镜、画像镜、变形四叶纹镜、夔凤纹镜、瑞兽镜等几种。而东汉中期以后出现的铜镜铸造的南北差别，在此时也进一步明显。从曹魏到西晋时期，在广大的黄河流域，流行的镜子主要是规矩镜、连弧纹镜、变形四叶纹镜、独立式的盘龙镜，都是东汉时的类型，但数量减少，出现了大量铁镜，表明社会生产力遭到很严重的破坏。战争的频繁使得原先的铜料运输孔道阻塞，导致了铜镜生产的大规模衰退。从质量上看，这一时期的铜镜也显得粗糙、简率，退步的迹象明显，如东汉晚期流行的规矩镜此时仍然流行，但纹样简化，TLV型的花纹不再齐全，已不复当日精美细腻的旧貌了。到了十六国及南北朝时期，铜镜业的衰退更加厉害，基本上没有这一时期的铜镜被发现，说明铸镜业在北方的全面衰落。直到北朝的后期，如北魏、东魏、西魏、北齐、北周等朝，才又有少量铜镜出土，但式样老而衰变，依然很不景气。

相对于北方而言，当时的长江流域社会政治、经济尚属安定，又有比较丰富的铜资源，因而铜镜的铸造仍兴盛了一阵子。此时南方流行的铜镜仍以神兽镜、画像镜为主，并出现了一些新因素。如镜背普遍地出现了纪年（图33）。这种铭文纪年的方式在西汉末期就已出现，王莽至东汉时期逐渐多见，到三国吴时尤其流行，为我们今天了解当时铜镜发展的状况提供了可靠的参照。从当时的铭文可知，三国时的吴地是铜镜铸造的中心，这

**图33 三国·吴 太平元年神兽镜**

径约14.5厘米。1977年安徽肥西出土。镜背绕钮排列高浮雕神兽纹及半圆、方枚，枚内有"吾作明竟……"等铭文，镜边则铸太平元年（公元256年）等纪年铭文一周。

**图 34 三国·吴 硕人神兽镜**

径约 14.8 厘米。镜背横列五排，饰神人神兽若干，是分段重列式神兽纹的式样。镜缘饰铭文一周八十八字，节录《诗经·硕人》内容，颇为罕见。

里自东汉末年起发展出比较繁荣的铸镜业，尤其是会稽（浙江绍兴）是著名的铜镜产地，到三国孙吴时代，这一地区的铸镜业达到极盛，成为全国最重要的铜镜产地，产品远销各地，甚至会稽地区的工师也名扬四海，到外地以至外国制作铜镜。

东汉时盛行的重列式神兽镜在三国孙吴时更趋流行，并出现了以明显的界线分出上下阶段的新手法，使镜背看来更整齐划一，形成了分段式的重列神兽镜（图34），也是此时铜镜与众不同的特点之一。到西晋时期，这种分段式的重列神兽镜进一步演变，围绕镜钮旋转、分段，形成"卐"形的框，又构成了一种新的铜镜类型——变形神兽纹镜（图35）。三国时，以镜钮为中心环绕式分布的镜子也依然流行，主体纹饰是传统的四神四兽，有些还在大神大兽之间再配以小的神兽和侍神，构成更为复杂。在神兽的外围，往往环绕有数目不等的半圆、方枚带，方枚中有字数不等的铭文，外区又有一圈铭文，但文字漫漶不明，难以辨识，也是铸镜工艺相对东汉时代退步的一个反映。到了孙吴中晚期以后，传统的神兽镜又出现了新的变化，纹饰中原先一

图35 西晋 变形神兽镜

图36 佛兽镜

统天下的神灵形象悄悄变成了佛的形象，形成了佛兽镜（图36），体现出东汉末年以来传入中国的佛教已逐渐开始为国人所接受，慢慢地融入中国文化中来了，这种佛兽镜流

图37 东汉 变形四叶纹镜　　　图38 东汉 建宁元年变形四叶兽首纹镜　　图39 东汉末年 变形四叶夔凤纹镜

传并不多见，在国内仅有一面，出土于湖北的鄂城，在日本的古墓中也只有四面出土，是当时在中国制造后输入日本的舶载镜。此外还有变形四叶纹镜，也是继承东汉遗风而具有变化的。

变形四叶纹镜（图37）的主要特征是在圆形的钮座外设四片向外呈放射状的蝙蝠形叶纹，将内区分为四部分，其中配置兽首、夔纹、凤纹等内容，形成变形四叶兽首镜（图38）、变形四叶夔纹镜（图39）、变形四叶八凤镜等等类型。魏晋南北朝时期流行的变形四叶纹镜主要是变形四叶鸾凤镜、变形四叶佛像鸾凤镜（图40）和变形四叶兽首镜，其中变形四叶兽首镜基本承袭了东汉的式样，另两种则在形态和构图上发生了一定的变化。如四叶纹多做宝珠的形式，而不再呈蝙蝠状，

分布在四个区域里鸾凤或单、或双，单个的比成双的更生动而美观，有的则在叶瓣中装饰了佛像和飞天像，构成了新的意境与境界。

魏晋南北朝时期是中国铜镜铸造的一个低潮阶段，但是，此时的铜镜铸造也没有陷于停顿，仍出现了一些新的装饰题材，如此朝时洛阳地区出现了以十二生肖为图案的铜镜（图41）和装饰流云飞雁的云雁纹镜，南朝出现鸳鸯纹镜，都是前所未有的新面孔，为隋唐以后生肖镜和花鸟镜的兴起开拓了新的思路。

魏晋南北朝时期虽然在铜镜的铸造上并不景气，但在中国铜镜的传播上却成绩斐然。在《三国志·魏志·倭人传》中记载，景初二所（公元238年）六月，当时的邪马台国（是日本古国之一）女王卑弥呼派

**图 40 西晋 变形四叶纹佛像鸾凤镜**
径约 16.3 厘米。1975 年湖北鄂城出土。

**图41 北朝 十二生肖纹镜**
径约13.6厘米。河南洛阳庞家沟出土。

遣使者到中国朝觐，曹魏统治者于景初三年（公元239年）颁布诏书，册封卑弥呼为"亲魏倭王"，还赠送了大量礼品给这位女王，其中就包括"铜镜百枚"。在日本的古墓中曾经出土过四面带有曹魏年号的镜子，分别铸造于景初三年（公元239年）和正始元年（公元240年），很可能就是当时的百面铜镜中的一部分。这四面镜子都是环绕式分布的神兽镜，确实是当时流行的镜类，但却并非北方常见的镜类，所以，也有人认为，它们可能是渡海到日本的吴国工匠在日本制作的，只不过是加上曹魏的年号。其实，中国铜镜在日本的传播，早在汉代已非常广泛。在日本南部的九州、本州和四国大约五十几处地点都曾出土过汉镜，总数在一百五十面以上，种类丰富，有草叶纹镜、星云镜、规矩纹镜等等，大约多是西汉中期以后的各种镜类，说明从西汉中期以后，中国的铜镜就已经流传到日本，并受到当地人们的欢迎了。到了魏晋南北朝时期，中国铜镜的输入和制作在日本形成了一个高潮。在公元四世纪的古墓中，出土了大量镜缘隆起，顶尖，断面呈三角形的神兽镜，称为"三角缘神兽镜"（图42），其纹饰、铭文都与当时中

图 42 三角缘神兽镜

国的吴镜相类，是中国铜镜东传明证。这些三角缘神兽镜，据专家们研究，可以分为舶载镜和仿制镜两种，仿制镜就是日本当地依照中国的神兽镜铸造的镜子，又叫"倭镜"，与中国制造的镜子相比，在形制、花纹各方面都与中国镜差别比较大，容易识别。而舶载镜则比较复杂，它们有些是中国制造后运到日本的，也有一些是中国的工匠到日本后在日本铸造的。如大阪府国分茶白山古坟出土的三角缘神兽镜上有这样的铭文："吾作明竟真大好，浮由天下（敖）四海，用青铜至海东。"明确地表明了这面镜子是由中国工匠跨海东渡，在日本所制造的，反映了魏晋南北朝时期中国铜镜的传播，已不仅仅限于实物

的输出，也开始了铸镜技术上的传递。

从舶载的三角缘神兽镜的实物看，它们多是直径超过20厘米的大镜，其内区的主纹大多是以四乳或六乳分隔开的"东王公"、"西王母"之类的神像和一些龙虎类的兽形，有的呈求心式（神像、神兽围绕镜钮，头部向着镜钮）分布，有的则作"同向式"分布，纹样均以浮雕手法表现，极富立体感。镜子的外区，略略高起，都饰有两圈锯齿纹，其间还夹有一周双线波纹带，内区和外区之间，也往往有锯齿纹带，当中还夹着花纹带和铭文带。这些基本特征，都与当时东吴地区的神兽镜、画像镜非常相似，而与同时期中国北方流行的一些镜子类型毫无相近之处，说明这种镜子原型正是吴国的神兽镜和画像镜；而远渡重洋到日本铸造铜镜的工匠，也正是闻名海内的吴地镜工。这一现象的产生，固然与三国魏晋南北朝时南方铜镜比较兴盛的情况相符合，也是和文献记载的当时大量日本人到会稽参与"货市"的商业交往的现象有关。

## 四、华丽一族——隋唐铸镜业的兴盛

隋唐铜镜是中国古镜中一枝灿烂的奇葩。它在形式、花纹、铭文内容、装饰手段等各个方面都发生了很大的变化，题材广、风格异、造型美，一扫魏晋以来铜镜铸造因循守旧，缺乏创新的沉闷局面，开创出繁花似锦，富丽堂皇的时代风尚。

隋唐时期铜镜的铸造大约可以分为三个阶段：隋和唐初是从汉式镜逐渐向唐式镜转变的过渡时期；盛唐时由于国力的空前强盛，铜镜铸造业达到了历史上的黄金时期，其影响一直延续到中唐；晚唐时期，经历了多次战乱的唐帝国百业凋敝，铜镜铸造走向衰微，作为一门艺术，从此一蹶不振。

隋唐铜镜的新面目，并不是一下子建立起来的，隋代到初唐时期所流行的铜镜中，有不少仍是魏晋南北朝以来常见的品种，如四神镜、瑞兽镜、十二生肖镜等，体现了灵异瑞兽仍然是当时最主要的题材。但是汉镜的传统正在悄悄地改变，一些新的因素已经出现在此时的铜镜中。曾经风靡一时的四神镜此时已不多见，有些镜中，与之相

**图 43 隋 仙山并照四神镜**
径约22厘米。1955年湖南长沙出土。隋及唐初有许多镜式仍沿袭汉晋以来题材而有所变化,此镜以简化为V字形的规矩纹分割四区,分别饰以四神纹样,外区饰十二生肖纹一周,正是此类铜镜的典型。镜背中区并铸有"仙山并照"铭文共三十二字,亦为这一时期所常见。

**图 44 隋 赏得秦王神兽镜**
径约12厘米。1988年陕西长安南里王村出土。镜背绕钮饰四神兽,外圈楷书"赏得"铭二十字,是继承魏晋以来神兽镜风格而铭文发生变化的瑞兽铭带镜式,为隋及唐初所常见。

配合的规矩纹十分简略,已简化到只有一个V形纹饰作为界分的程度(图43)。更多的四神图案,是与十二生肖的纹样相配合,这是隋唐时期的一个新变体。十二生肖纹饰是南北朝晚期出现的铜镜装饰,它将汉代以来表现天圆地方概念的十二支名铭文,从中央的方框移到镜边,形成圆周状,同时十二地支也不再以文字的形式,而是以写实的生肖动物形状出现。这些生肖都作成浮雕式,姿态生动活跃,与内区的瑞兽相映成趣。十二生肖镜、十二生肖四神镜在隋代到初唐流行甚

广,是当时铜镜的一个代表性类型,但瑞兽镜则是比之更为常见的镜型。瑞兽镜自汉代已经出现,也被称作方格铭兽纹镜,多为圆形,圆钮,钮外有三个或四个瑞兽与方格相间环绕。此种镜在魏晋南北朝时的南方地区比较流行,到隋代和唐代初年,已是各地发现最多的铜镜品种了。当时的瑞兽镜,多呈圆形,瑞兽形象各异,似狮、似虎、似豹、似马,又像是狐首狮身、狐首马身,难以辨明,但无疑仍是表达吉祥的寓意,故而只能笼统地称做瑞兽镜。这一时期的瑞兽镜,大致有瑞兽铭带镜(图44)、瑞兽花草镜

**图45 唐 孔雀葡萄镜**

径20厘米。汉代的瑞兽镜发展至唐，出现了瑞兽与铭文带、瑞兽与花草纹共同装饰的新形式。此镜内区饰孔雀与葡萄相间，外区则配以各种蝶、鹊、葡萄蔓枝。孔雀是佛教中的瑞兽，与花鸟纹相配合，是唐代瑞兽花草纹镜的风格。现藏上海博物馆。

**图46 隋 灵山孕宝团花镜**

径约18.1厘米。1981年陕西西安出土。隋代出现了以花卉为主题纹饰的铜镜，花卉形式以抽象的团花为多，为唐代宝相花镜开辟先河。

两种（图45）。前者在镜背的中区或外区配置骈体的铭文，仍未脱汉式镜以花纹和铭文共同装饰镜背的程式。后者则把铭文带变成了卷草、忍冬、流云、葡萄蔓枝等花草纹边饰，增加了植物的铜镜上的表现，并更具图案性，是唐代铜镜新风格诞生的先导，而它的流行年代也已到了初唐的末期。隋代到初唐时期流行的铜镜中还有一种称作宝相花镜的镜子（图46），是将荷花或牡丹等自然花朵经艺术处理，形成一种装饰化的花朵纹样装饰于镜背的镜型。这种纯粹以花卉作为主题花纹

的装饰风格，前所未有，是隋唐新出现的习尚，同样具有划时代的重要意义。在隋唐早期的铜镜中，另一个具有重要意义的变化是铭文内容的更新。原先那些祈求福祉、盼望升官的铭文逐渐变成了赞美镜子，表达情感的内容，而行文风格大多四字一句或五字一句，连而成篇，犹如诗歌，而且文辞优美，对偶压韵，带给人们艺术的享受。据专家统计，当时流行的镜铭，大约有20种之多。

唐高宗、武则天统治时期是唐代铜镜艺术发生质变的分水岭。正

是在这一时期，以花草样纹代替铭文带装饰瑞兽镜的手法和纯花卉题材的宝相花镜广泛流行，花纹构图也冲破了汉代端庄严整、规规矩矩的排布方式，以更灵活多变的形式出现，清新疏朗，活泼开放，体现了一种不同以往的绚美风格。同时，由瑞兽花草镜演变而来的瑞兽葡萄镜也在此时登上历史舞台，成为领导此时最新潮流的代表性镜型。

瑞兽葡萄镜（图47）是唐代最为华贵艳丽的铜镜之一，它以瑞兽和葡萄为主纹装饰内区，瑞兽生动矫健，姿态各异，攀援着舒展柔曼的葡萄枝叶，丰满而流丽，外区又有葡萄蔓枝、果实、飞禽、蜂蝶相间飞舞，边缘再配以流云卷叶，一派生机盎然，欣欣向荣。

从瑞兽镜到瑞兽花草镜，再到瑞兽葡萄镜，我们可以明显的感受到花鸟图案的比例越来越大，传统的灵异瑞兽题材，正在一步步地向着花鸟的题材转变。到了盛唐时期，这一转变已成为一股不可逆转的潮流，花鸟纹样大规模地被运用到了铜镜的装饰中。

盛唐时期，铜镜铸造进入了有史以来最辉煌的时期，形式多样，装饰华美，显示出富丽堂皇的时代风尚，给人以金碧辉煌的艺术美感。

这一时期的铜镜，突破了以圆形、方形等严格的几何图形为造型的束缚，出现了菱花镜、葵花镜、荷花形镜、亚字形镜等新品种，活泼多变，动态丰富，增添了新的艺术美感，充满了自由、奔放的气息。同时，镜背的装饰从题材到手法都全面更新，以更宽阔的视野，表现了盛唐时期歌舞升平、繁荣富足的社会图景。

盛唐铜镜的装饰题材，在初唐的基础上进一步拓展，出现了花鸟镜、神仙人物故事镜、盘龙镜等流行品种。同时，由于制作技术的进步，社会时尚的驱动，各种华丽复杂的特种工艺镜大行其道，也形成了盛唐铜镜装饰中独特的品类。

唐代的花鸟镜，按图案的配置方法大致可以分为雀绕花枝镜（图48）和对鸟镜两种形式。雀绕花枝镜多取菱花形式样，内区布置雀、鹊、鸳鸯、凫雁之属的四个禽鸟同向绕钮排列，或嬉戏浮游，或展翅飞翔，或静静伫立，鸟与鸟之间配置小小的花枝，花叶俱全，与镜缘装饰的四组蜂蝶花枝互相映衬，宛如一幅工笔的花鸟小景图画，清新简洁，富于诗意。

图 47 唐 瑞兽葡萄镜
径约 21 厘米。1958 年河南陕县出土。

**图 48 唐 镶嵌螺钿花鸟葵花镜**

径24.5厘米。镜背以绿松石屑为地，用螺钿开片镶嵌四组鸾鸟衔绶，与莲花荷叶一一相间，制作精细，为典型的雀绕花枝镜式样。现藏日本白鹤美术馆。

**图 49 唐 双鸾葵花镜**

径约24厘米。镜背饰双鸾夹钮衔绶欲飞，上下各有莲花荷叶，为典型的对鸟镜。

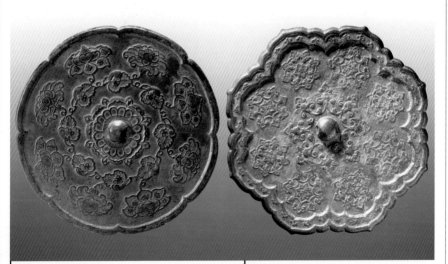

**图 50 唐 宝相花葵花镜**

径约20.5厘米，镜背宝相花作放射式分布。陕西西安东郊出土。

**图 51 唐 宝相花菱花镜**

径约20.5厘米，镜背宝相花作散点式分布。

对鸟镜（图49）则是唐镜中最为绚丽的镜型之一，它大多呈葵花形，主题纹饰基本上是两个禽鸟相对而立，或足踏花枝，或脚踩流云，或颈系绶带，或口衔瑞草，与镜钮上下配置的各种仙山、流云、明月、鲜花自由组合，变化多端，构成一幅绚丽多姿的景象。

瑞花镜是盛唐时期盛行的另一种铜镜类型，可分为宝相花镜、花枝镜、亚字形花叶镜几种。宝相花镜（图50～51）承初唐之风发展而来，形制以菱花形和葵花形为主，原先尚存的铭文带消失，镜背完全被一些花瓣形的纹饰所替代，更显得艳丽绚烂。盛唐宝相花镜的图案布置，体现了这一时期铜镜布局的新发展，或六朵瑞花散点式排布，或花瓣以钮座为中心放射状构图，线条柔曼多姿，与初唐时那种以团花绕钮的规矩布置相比，更显灵动与活泼，是铜镜装饰方法上的重大进步。与图案相对抽象的宝相花镜相反，花枝镜、亚字形花叶镜是以写实性很强的自然花卉作为装饰的。花枝镜（图52）多呈葵花状，装饰有枝叶丰茂的花枝或花朵，有的含苞待放，有的展瓣盛放，有折枝也有缠枝，蔓茎婉妙流转，花间蛱蝶纷飞，富丽堂皇，华贵至极。亚

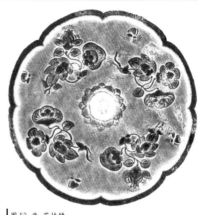

图52 唐 花枝镜

字形花叶镜是以剔地的蝶花或花叶状纹饰满布镜背的一种铜镜，其与众不同之处在于它的造型呈亚字型，即在四方形的四角各有一弧形内凹的形状。

汉代以来曾经十分流行的画像镜，到盛唐时变成了以神仙人物故事为主的新形式，内容包括神话传说、民间故事、历史轶闻和社会生活等各个方面，体现了更为广阔的境界。当时最常见的这类题材主要有月宫镜、飞仙镜、真子飞霜镜、三乐镜、打马球镜、狩猎镜几种。其中，月宫镜（图53）反映的是民间广为流传的嫦娥奔月的故事；飞仙镜主题纹饰有仙骑和飞天两种，分别体现了佛道两教的飞仙形象。仙

图 53 唐 月宫镜
径 19 厘米。现藏上海博物馆。

图54 唐 仙骑镜
径约25.5厘米，1972年陕西西安郭家滩出土。

图55 唐 飞天镜
径约23.5厘米，1955年陕西西安出土。

图56 唐 真子飞霜镜
径约18.5厘米，现藏上海博物馆。

图57 唐 打马球镜
径18.5厘米，1975年江苏邗江金湾灞水利工地出土。

骑镜（图54）通常表现四个仙人骑鹤或两个仙人骑兽腾空翱翔的景象，有的还衬以仙山祥云，与神仙衣袂飘举、悠然神游的刻画互相映衬，境界极为空灵。而飞天镜（图55）则表现出天国中欢快歌舞的景象，通常饰两个头戴宝冠，身着天衣的飞天，各举一手，共持一物，作舞蹈姿态浮于祥云之上。

　　真子飞霜也是与道教有关的铜镜题材，通常以镜钮为中心，一侧是修竹数丛，前面一人独坐抚琴，身边有几案安置什物，另一侧两棵树下，一只凤凰扬翅起舞。在钮的

下方，有一泓清浅的荷池，伸出一枝亭亭的荷叶，上面伏有一个乌龟，龟身与荷叶共同构成钮座，十分别致。在钮的上方，还饰有云山一带。云纹的下面，有时还有铸着"真子飞霜"四个字的田字方格（图56）。

　　如果说上面提到的三种镜子主要是以神仙人物作为表现对象的话，三乐镜、打马球镜（图57）、狩猎镜（图58）则是现实生活和现实人物的忠实反映。他们或取材于历史故事，或来自于生活中的真实景象，描绘生动，制作精丽，是盛唐

**图58 唐 狩猎纹镜**
径13.2厘米，台湾王度收藏。

**图59 唐 盘龙镜**
径约12.9厘米。

图 60 唐 金银平脱鸾鸟衔绶镜
径约22.7厘米。

图 61 唐 嵌螺钿人物花鸟镜
径约23.9厘米, 1955年河南洛阳出土。

图 62 银背鸟兽花镜
径约15.8厘米, 陕西西安史家营出土。

图 63 唐 银背婆金鸟兽菱花镜
径约11.2厘米, 1993年陕西西安东郊出土。

图 64 唐 日月贞明八卦镜

径约25厘米，河南洛阳磁涧出土，镜背以八卦为方框，四角饰山岳纹，中间框内饰"日月贞明，天地为含，写窥万物，洞鉴百灵"，边饰日月星辰一周，有包含天地万物意。

图 65 唐 万字镜

径15.7厘米，现藏上海博物馆。

铜镜中的精品。

　　独立式的兽纹镜在汉代已有铸造，但质量之精恐怕要首推唐代的盘龙镜（图59）。唐代的盘龙镜多由官方指定铸造，是节日里大臣进奉、君王赏赐的重要物品。在唐明皇统治时期，将皇帝的生日八月五日定为千秋节，规定在那一天王公贵戚都要进献铜镜和绶带，而天子也要向四品以上的官员赐镜，而进献和赏赐的，正是盘龙镜。唐代大诗人白居易曾有诗写道："背有九五飞天龙，人人呼为天子镜"，由于盘龙镜地位重要，所以，一般都是由当时最重要的铜镜产地扬州铸造。可能由于传输日期的需要，这

种镜常常是在运输镜子的途中，在扬子江的江心铸成的，所以，人们也称之为江心镜或水心镜。因为要用作贡镜，必须精心制作，镜材须熔炼六七十道乃至一百道，所以，这种镜还有一个称呼叫作百炼镜。盘龙镜在唐代是广受欢迎的一种镜型，使用并不局限于宫廷和上层，在民间也有使用，李白和孟浩然的诗中都有关于这方面的描写。

　　随着铸镜业的繁荣，唐代的铜镜铸造技术也达到了历史上的最高水平，涌现出大量的特种工艺镜，是这一时代最华美、最精致的铜镜类型。特种工艺镜的题材，不外乎我们前面介绍的几种，但其加工工

艺却是机巧百出，有金银平脱、螺钿镶嵌、贴金贴银、鎏金等多种作法（图60～63），使华丽的图案与璀璨的金银宝石相映衬，锦上添花，宝光四溢，弥补了原先铜镜色彩比较单一的缺陷，使之臻于完美的境界。

　　盛唐的铜镜生产的全盛的局面，一直延续到了中唐时期，晚唐以后，随着战乱的不断冲击，国力的日趋衰微，铜镜的铸造也终于走上了下坡路，不复昔日绚丽华美风格，而是流行起八卦镜（图64）、万字纹镜（图65）、五岳真形镜（图66）等图案简单、制作糟糕的铜镜类型，反映出大唐帝国日薄西山、渐近消亡的萧瑟气象，这是中国铜镜艺术走向衰落的前奏。

图66 唐 五岳方镜

边长11.9厘米，镜背饰山峰五座，上有花草飞鸟，是五岳的形象。此类镜的出现反映了唐代道教的盛行。现藏上海博物馆。

## 五、空谷馀音——宋元明清铸镜业的变迁

盛唐以后，中国铜镜终于从颠峰缓缓地下落了，重实用轻装饰的风格越来越明显，导致铜镜工业的进一步衰退。

宋代的铜镜铸造，在北宋初年主要是仿造唐镜的风格，品种以唐末流行的一些类型为主，但质量上与唐镜的差别很大，已不复旧日的精美，显得厚质而粗糙，图纹草率，呈现出衰落的迹象。

到了北宋晚期，由于社会的安定，铜镜铸造业一度又有了一定的发展，出现了一些新的镜型和新的装饰题材与风格。

唐代时我国铜镜的造型突破了传统的方、圆式样，发展出菱花式、葵花式、亚字型等新式样。这些造型，到宋代继续承袭，尤其是亚字型的镜形，被大量采用。同时，菱花形、葵花形的铜镜也经过了改造，多变八出花瓣为六出花瓣，线条变得较为硬直，富有新的趣味。此外，这一时期还出了长方形、鸡心形、带柄形、钟形、鼎形等一些新的造型，丰富多样，具有创新的意识。其中，带柄形铜镜的出现，突破了中国铜镜一向以钮系、悬挂的

**图 67 宋 亚字形花叶镜**
径约15.7厘米。亚字形花叶镜最早出现于唐代，而宋时尤为流行。此镜花叶作缠枝状，纤细连绵，为典型的宋代花卉镜风格。

习惯，实用而方便，可谓是铜镜造型上一个"革命性"的变化。

宋镜的装饰题材，除了大量实用而忽略花纹的素镜外，最主要的是花卉纹和神仙人物故事纹。

花卉纹（图67）主要有牡丹、芙蓉、莲荷、桃花、菊花等，又多以枝叶缠绕、绵延牵连为特征。采用细而浅的浮雕手法装饰，显得枝柔叶细，花瓣嫩弱，比较婉约秀丽。

宋代花卉镜中也有枝叶布置不甚缠绕的类型，如四花镜一类，但风格依然纤柔清秀，布局更显疏朗清隽，仍不脱整个时代的审美风尚。此外，单独布置的娑罗树镜、图

案性很强的连钱锦纹镜（图68），也是这一时期创造的图纹类型。

神仙人物故事镜在宋代依然流行，但内容和唐代颇有不同，主要盛行一些与长寿养生有关的图形内容，道家气息浓重。如仙人龟鹤镜（图69）是这类镜中最为流行的，构图如画，一般由仙人、侍者、青松、修竹、仙鹤、灵龟组成，画面清气四溢，寓意着长生不死。与此相近的还有仙人骑鹤镜、观星望月气功镜（图70）、月宫人物镜等，都是与道家长生学说有关的题材，反映了宋代道教的兴盛。

图69 宋 龟鹤仙人镜

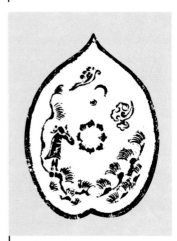

图70 宋 吸月养生练气铜镜

图68 宋 钱纹方镜

边长约8.3厘米。背饰连钱锦纹，为宋代首创。1957年吉林梨树出土。

与之相应的，还有八卦的盛行。这种出现于晚唐的铜镜在宋代大为流行，还往往出现以八卦纹与干支、其他符箓相结合的情况。

宋代的神仙人物故事镜虽然以

仙人龟鹤的长寿题材为主，但也不乏反映现实生活场景的生动之作，传世的蹴鞠镜（图71）就是这方面的代表作。

除了花卉和神仙人物外，花鸟禽兽题材在宋代也还比较流行，其中最漂亮的是双凤镜。两只鸾凤同向飞翔，羽翼舒展，尾部飘忽，特别是凤尾的处理十分精妙，如藤蔓弯曲，似水波起伏，又如花叶舒卷，活脱灵秀，动人心弦。还有双龙镜也属宋镜中的佳作。

南宋以后，铜镜铸造业又进入了一个新的时期，曾一度中兴的图纹镜再次陷于低谷，重实用而不求美观的素面镜大量涌现，而且形成

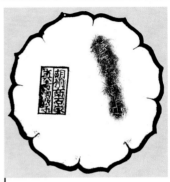

图72 宋 湖州南石家镜

了新的时尚——铸造商标字号铭。

这种铜镜造型多样，但共同的特点是素背无纹，只有一个长方形印章式的名号款，方框内铭文有一行或多行的分别，一般置于钮的右侧，也有一个长方形印章式的名号款，方框内铭文有一行或多行的分别，一般置于钮的右侧，也有在左侧或左右两侧均有的，若遇有柄的铜镜，则置于镜背的中心部位。铭文的格式一般是地名＋姓名＋称呼，如"源州石家念二叔照子"、"杭州大陆家青铜照子"等，其内容大致可分为湖州镜、饶州镜、建康镜、成都镜、苏州镜、杭州镜、常州镜等等，反映出当时的铸镜中心。

在这些商标名号镜中，最多见、质量最好、最负盛名的是"湖州镜"（图72）。湖州位于浙江省，宋

图71 蹴鞠纹镜
径约10.8厘米。

图73 宋 长命贵富镜

代以来，铜镜铸造极为兴盛，流传下来的宋镜中很大一部分出自湖州制作，有的镜子上还表明铸家的名号，如石家、薛家等。其中，又以石家最多，甚至还出现铸造者的排行，并冠以"真""真正"等字样，说明石家是宋代著名的铸镜世家，所产之镜已成名牌产品，甚至引起仿冒和伪造，所以，要在镜背上写明铸造者的排行，并冠以"真"等字样来宣传作品的正统性。

湖州铸镜业的繁荣，带动了浙江其它地方的铜镜生产，当时商标铭中所见苏州、杭州、婺州、明州、常州、秀州等地，均属两浙一路。此外江西饶州、四川成都也是宋代著名的铜镜产地，但数量远不如湖州镜为多。

宋代的晚期，素背铭文镜中又出现了另一种新的形式，即在镜背铸造吉语铭文的吉语铭文镜，内容有"千秋万岁"、"福寿家安"、"长命贵富"（图73）、"忠孝之家"等，反映了人们对美好生活的祝愿，开创了后世此类铜镜铸造的先河。

与宋对峙而立的辽和金王朝，其铜镜铸造以前一向不为人所熟知，不被重视。但近年来的考古发现尤其是金镜的发现改变了人们的看法。在整个铜镜业日趋衰落的时期，北方的铜镜制造却呈现出风格多样的新气象，颇有独特的风味。

辽代的铜镜制作多受到当时中原宋王朝的影响，从质地、造型到花纹都与宋代铜镜基本相似。但因铜料不足，铜禁十分严格，故而铜镜的制作大多体薄而小，铸工也不甚精细。

辽镜中比较有特色的是它的铭文镜，分契丹文和汉文两种，有两种不同的布置方式。一种在镜背主要部位作出大面积方栏，内铸数十字铭文不等，栏边配饰花草枝叶纹；另一种是无规律地铸几个字，以前者比较精致。铭文中有些还常带纪年，镜缘边侧还阴刻汉字。

金代是崛起于东北的女真族所

**图 74 金 双鱼纹镜**
径约 43.5 厘米，1976 年黑龙江阿城出土。

建立的政权，在铜镜的铸造上独树一帜，既吸取了汉族铸镜的优良传统，又保留了游牧民族特有的豪放气质，使金代铜镜显示出一种自然质朴、富于生活气息的生动面貌。

金代的铜镜大致可以分为两大类，一类是仿汉唐镜，一类是自创的各种图纹镜。前者仿制汉、唐时流行的诸种铜镜，但风格殊异。后者则具有自身的风格面目，大致可分为四类：

1. 双鱼镜（图74）；

多为圆形，镜背饰两条鱼相追逐，四周波浪翻卷，动感极强，犹如铜盆中畅游的两条活鱼；也有的只铸双鱼游戏而无水波，或是双鱼仅有鱼身而头呈龙形，前鳍化做两只翅膀的鱼化龙形象，反映了民间鲤鱼跃龙门的传说。

2. 历史人物故事镜

这也是金代最盛行的镜类之一，由于所选取的题材多来自民间传说故事，富于生活的气息，而与仙人、长生之类的主题关系不大。

这类镜中最欢迎的是童子攀枝

图 75 金 四童戏花葵花镜
径约13.8厘米，1956年吉林长春出土。

图 76 金 双龙纹镜
径约22.2厘米，1952年原东北文化局文物处移交。

镜（图75），表现童男童女攀枝戏花
的生动情态，有二童与四童两种。
童子形态俯仰各异，花衣彩带，憨
态可掬，洋溢着生命的朝气，具有
艺术美感，是古代铜镜中不可多得
的品种。

此外，历史人物故事镜中流行
的题材还有许由巢父、吴牛喘月、
柳毅传书、牛郎织女故事等，也都
是劳动人民喜闻乐见的传说故事，
反映出铜镜艺术日趋世俗化的倾
向。

3 禽兽纹镜

包括盘龙镜、瑞兽镜、凤鸟纹
镜等。

盘龙镜主纹为一龙或双龙
（图76），姿态各不相同，但造型明
显拙劣粗放，与唐镜不可同日而
语。瑞兽镜以四兽间配葡萄纹多
见，四兽绕钮飞奔，形态似鼠，也
有人称之为四鼠葡萄镜。

4. 瑞花镜

以菊花纹镜最具特征，圆形、
圆钮，以钮为中心放射出相互叠压
的花瓣，组成一朵盛开的菊花，布
满镜背，外区还有点线纹等，特征
十分明显。

除了上述的镜类外，宋镜中描
绘航海的海舶镜以及罗汉渡海镜
（图77）、八卦镜等在金代也有铸

图 77 金 达摩渡海菱花镜

造，呈现出丰富多姿的面貌。且简
约粗放，生机勃勃，体现了北方铸
镜业在此时的长足发展。

金代的铜镜，除了在纹饰上具
有独特的风貌，还有一个重要特征
是铜镜的边缘都錾刻有官府的验记
文字和押记。这是因为金代铜源稀
少，实行严格的铜禁政策，禁止民
间滥铸铜器，因此凡铸造铜镜必须
经官府监制或验看，方可出售，否
则便是违法私铸。金镜的錾刻文字
通常都在铜镜素宽边缘的，上面刻
着"上京宜春县"、"大兴县官（押）"
之类 的验钞、押记（图78），使人
一目了然。另外，一些镜子上还直
接铸有官、私铸造的铭文，也表明
官方对铜镜生产的监制。

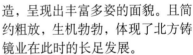

**图78 金 韩州司判牡丹纹镜**

径约21.3厘米，1983年吉林榆树出土。镜背饰缠枝牡丹，镜缘刻官府验镜铭及花押，是典型的金镜风格。

**图79 元 海涛云帆镜**

宋代以来，反映日常生活场景的题材多用作铜镜装饰题材，航海镜亦是其中一种，至元代也十分盛行。

　　元代的手工业颇为发达，尤其金银器制作颇多佳品，但同属金工的铜镜制作却一蹶不振，量少而质粗，反映出此时铜镜已完全脱离了工艺品的行列，被当作一般的日用品来生产，故而在艺术上毫无进展。只是上承宋、金的遗风，继续制作而已。

　　元代的铜镜由于铜料来源获得了保障，故而形态较前一时期大而厚重，形制仍以宋代的圆形、花形、带柄形为主，纹饰也以双龙、双鱼、花草、禽鸟、八卦星象和人物故事（图79）居多。花卉形态粗拙饱满，以牡丹比较多见；神仙人物故事镜则多八仙过海、观音浮海、仙人对弈、海神出游的内容，画面布置错

**图80 元洛神菱花柄镜**

径约12.6厘米，1981年吉林九台八家子出土。镜背饰元代流行的洛神图案，取材于魏曹植的《洛神赋》。

图 81 元 汉梵文准提咒佛学镜

图 82 元 至元四年双龙镜

落有致，很有古代人物画的风味。而洛神纹镜（图80），表现洛神仙子浮水的情景，与文学作品相吻合，是这一时期颇具新意的装饰题材。

由于元人笃信佛道，所以用阴刻梵文作装饰的准提咒镜（图81）和传统的八卦纹镜也是这一时期的特色品种。

此外，铭文镜在元代也有少量发现，一般是吉语镜，"寿山福海"四字布满镜面；也有纪年铭（图82），如"至元四年"，多作单行排列；还有的在镜缘刻出铸造匠师的名款，类似于商标名号款。

明代的铜镜，在造型上没有什么新的创造，以圆形多见，钮式以银锭形的低平钮为主，装饰题材上

隆庆以前多见一些龙、凤、鹿、鱼、花草、人物之类的纹饰，之后则以各种铭文为主。铭文的内容既有商标名号，也有一些吉祥用语。

明代的铜镜，以神仙人物故事镜最富创意，多见八仙寿老、仙人出行的图案，最特别的是八宝和杂宝图案（图83）。所谓八宝和杂宝图案，是在银锭钮外饰人物、宝塔、仙鹤和各种寓意吉祥的宝物，如磬、犀角、宝珠、画卷、盘肠、宝钱、灵芝、金鱼、梅花、方胜元宝等等，构成"福寿双全（钱）""吉（盘肠结）庆（磬）有鱼（金鱼）"等吉语谐音，显得既热闹，又喜庆。

吉祥铭文（图84）也是明代最突出的装饰内容，铭文往往是四个

图 83 明人物楼阁杂宝镜

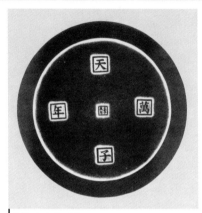

图 84 清 天子万年镜

图 85 明 五子登科镜

径约20.7厘米，镜背饰"五子登科"四字铭，绕钮对称，均以方栏框起，并有商标名号。有饰莲蓬图案，取"连生贵子"意，是这一时期盛行的吉祥铭文镜。

图86 明 薛怀泉造素镜

字，有"鸾凤呈祥"、"长命富贵"、"状元及第"、"五子登科"（图85）等等。常常是对称分布在钮的上下左右，端正突出，简明扼要。

商标名号铭往往铸造在铜镜的钮顶，这种钮常呈平顶圆柱形，铭文则包括铸镜作坊或人员的名号。其中仍以湖州镜最负盛名，并以薛家造镜最著名，薛氏自宋代以来一直为铸镜世家，明清两代尤其发达。明代薛家镜（图86）的署名不再采用排行，而是改用带有文人字号色彩的名称，附庸风雅，与宋代石家造镜质朴的署名作风大有不同。

清代的铜镜制作种类更少，纹饰也愈益简化，衰落之象一览无馀，只有清宫造办处为皇家制镜，仍然精益求精，还常配镜座、镜架、镜套、镜盒（图87），别致出新。

图87 明清时代镜子的配套用具

图88 清 薛晋侯造双喜五福镜

图90 清 如日之精铭文镜

　　清代铜镜中龙、凤、狮子、双鱼之类的传统题材仍有所见，神仙人物故事镜则有仕女游园、童子嬉戏等。吉语铭文镜仍十分流行。除

传统的四字铭文镜外，还有吉祥图案加铭文的式样，如双喜五福镜（图88）、岁寒三友镜、清闲镜等等，并出现了字数较长的铭文镜。

　　清代铸镜也有名牌产品，就是传世有"薛惠公造"款识的铜镜。薛惠公是湖州产镜世家薛氏的后人，名晋侯，字惠公，铸镜素有佳名，开有一家"薛惠公老店"，传世清镜中很多质量较高的作品上都有"薛晋侯"、"薛惠公"的款号，即为他或他的作坊所制，其制作的镜类有双龙镜、岁寒三友镜、百子镜（图89）、长篇吉语铭文镜（图90）等。后者为取字体整齐，往往采用方形的外观，并有葫芦形和方形图章铸于最后，较易识别。

图89 清 百子图镜

径约36.5厘米，镜背饰童子嬉戏图案，柱形钮上铭"湖州薛晋侯自造"，是清代湖州铸镜名家薛惠公的传世名作。

## 镜之美

中国古镜具有悠久的历史。它经历了从一种实用品到一种工艺品再到一种实用品的发展过程，类型丰富多变，造型五花八门，花纹绚丽缤纷，铭文内容也精彩纷呈，是一种内涵很深，特别值得收藏的古玩品种。如果说上一章里我们是从历史的角度纵向地欣赏和了解了中国的古镜，那么，下面我们将要从各个不同的方面横向地了解中国的古镜，以便更清晰地认识这种古玩品种。

### 一、早期镜鉴的艺术特色

镜子在中国已有 4000 多年的历史，其间虽然有使用铜鉴、铁镜、玻璃镜的时期，但在绝大多数的时间里，铜镜一直占据了中国古镜的主角地位，这也是中国古镜的最大特色之一。在漫长的发展过程中，中国铜镜形成了自己特有的艺术风格，表现在它的造型、花纹、铭文和铸造上。所以，我们也要从这几方面入手来鉴赏铜镜。但是，由于早期的铜镜尚处于发展的初级阶段，尚不具有比较完整系统的风格特色，因此，我们在此特辟一节，专门谈谈春秋战国以前的铜镜特色。

#### 1. 齐家文化铜镜

这是目前我国发现最早的铜镜，一共只有三件，其中两件出土于墓葬之中，分别出土于 1975 年甘肃广和齐家坪和 1977 年青海贵南尕马台，另一件则是中国历史博物馆的收藏品，过去一直鲜为人知，直到贵南铜镜被发现才被人们所认识。

三件铜镜都是圆形，锈蚀严重，质朴简单，体现出铜镜发展初期的典型风貌。其中又可分为两个类型，一是素镜，甘肃齐家坪的铜镜即为此型。镜背光无纹，中设一个拱形钮，直径仅约 6 厘米，朴实无华，是目前可知最早最古老的铜镜形态。

另一种多角星纹镜，即镜背装饰由曲折的直线组成的多角星图案。贵南的一件直径 8.9 厘米的铜镜，镜背饰七角星纹，锈蚀严重，钮部已经残损，边缘上钻有两个小孔。中国历史博物馆的一件比较完整，镜背有完整的拱形钮，其外有三圈弦纹，间有两重十三角和十六角星图案，并以斜线衬地，较为精好，同时镜体直径 14.6 厘米，也是三件镜中最大的，可能制作的时间稍晚，铸镜技术已有了进步的倾向（图 91）。

#### 2. 商代的铜镜

图91 齐家文化 三角星纹镜
径约14.6厘米，传甘肃省出土。

图92 商 叶脉纹镜
径约12.5厘米，1976年河南安阳小屯妇好墓出土。

商代铜镜发现也并不多，一共只有五面，其中四面发现于殷墟妇好墓中。五面铜镜都有花纹，可以分成三个类型。

（1）叶脉纹镜（图92）

一共两面，都是圆形，镜面微微凸起，镜背有三周凸起的弦纹，第一、二圈间隔较大为中心区，均分为四个部分，每个部分有两组叶脉状的纹样；第二、三圈是镜的边缘，有排列工整的小乳钉五十一个。纹饰虽简，但排布有序，显然经过认真的加工，表现出铜镜工艺的初步发展。

（2）多圈凸弦纹镜（图93）

也有两面，圆形，镜面微凸，背面饰有五道或六道凸起的弦纹，弦纹间填以密集的竖直或斜行短线，简约清新。

（3）平行线纹镜（图94）

只有一面，圆形，镜面微凸，背面略凹，整个镜子微呈弧形。镜背有钮，其外与边缘两道凸起的弦纹，中心区圆面均分为四等分，每一等分有长短不一的凸线十条，相邻等分的平行线互相垂直，而边缘的两条凸弦纹之间，也填以三十四条节状凸线，与中心区线纹长短相错，动静相生，颇为好看。

商代的铜镜虽不如同时期青铜礼器那么华美，但较齐家文化的铜镜，却有了不小的进步。首先是镜子的大小厚薄比较一致，除了一面平行线纹镜外，大多直径在12厘米左右，厚薄也差不多，大致在0.2～0.3厘米左右，钮式也很一致，都是大弓形钮，表现出铜镜的铸造可能有一定的规范。

其次，五面镜子的镜面都微微凸出，这是因为商人已意识到平面的镜子面太小，不能容纳全部的面容，故而采用凸面镜的原理扩大照颜的容量，表明铜镜的实用功能也进一步提高，是铜镜发展的另一个标志。

最后，商代的五面铜镜都是花纹的，而且中心区和边缘各不相

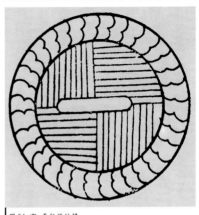

图94 商 平行线纹镜

同，表现出铜镜装饰的进一步发展，为以后铜镜装饰的分区布局提供了一个先例。

### 3. 西周铜镜

西周的铜镜发现较多，已有十余面，分布也比较广，反映出铜镜生产的发展。从西周铜镜的装饰看，一共有三种类型。

素镜是西周最流行的类型，在发现的铜镜中共有十四面，尤其是早期铜镜，全部都是素镜。这固然表现出早期铜镜制作的原始性，但也不能排除西周青铜艺术简单质朴、端庄凝重的作风带来的影响。

西周的中期，出现了重环纹装饰的铜镜，纹饰绕钮布置，风格与同时期的铜礼器花纹如出一辙，很

图93 商 多圈凸弦纹镜

径约11.8厘米，1976年河南安阳小屯妇好墓出土。

明显是受其影响而来的。

西周晚期，出现了带有鸟兽纹装饰的铜镜（图95）。镜背设两个平行的弓状钮，在钮的上下左右分别装饰了鹿、鸟、虎纹，纹饰用单线勾出，形象简单而拙朴，很不成熟，但古朴之风扑面而来，预示着铜镜装饰新风尚的孕育和产生。

西周的铜镜不仅数量较多，纹饰较新，在一些细节部分发生了变化。如钮式比以前更丰富，除了弓形钮，还出现了橄榄形、半环形、长方形的钮，镜缘也不像以前那样一味平直，在晚期出现了稍稍凸起或微卷的素缘，丰富了铜镜外形的视觉观感。

图95 西周 鸟兽纹镜

径约6.7厘米，1957年河南三门峡上村岭出土。

## 二、历代铜镜的造型变迁

中国铜镜的造型，富有独特的民族风格，属于圆板具钮系统，具有一种丰润、含和的美感，与西方的有柄铜镜系统截然不同。

圆形，是中国铜镜中最常见、流行最久的造型。早在齐家文化的铜镜中已经采用这种造型，此后历代它一直是中国铜镜的首选镜形，即使在铜镜造型发生巨大变化的唐宋时期亦不例外。

为什么中国人对圆形的铜镜情有独钟呢？郭沫若先生对铜镜的起源有过这样一个推断，认为铜镜是从人们用以鉴容的大型水器鉴发展而来的，"……普通人用陶器盛水，贵族用铜器盛水，铜如果打磨得很洁净，即无水也可以鉴容。故而进一步，即由铜水盆扁平化而成镜，铜镜背面有花纹，背心有钮乳，即是盛水器扁平化的痕迹，"梁上椿先生也认为铜镜的发明经历了"止水——水鉴盆中静水——无水光鉴——光面铜片——铜片背面加钮"的过程。这样，由于古代的鉴大多数是圆形，铜镜自然也就以圆形为主了。

而有的观点认为，中国圆镜的流行，反映的是古代中国的一种宇宙观。中国古人常认为，自然是有固定规律的，是为天道，而天道的种种规律又可以通过器物把它表现出来，即所谓"藏道于器"。所以，在古代的很多器物中我们都可以看到用器型、花纹象征思想观念的情况，在铜镜的造型上，应当也运用了这一原则。圆镜的流行，可能是古人心目中天圆地方的宇宙观念的反映，也可能是太阳光芒万丈、滋养万物的写照。

中国的圆镜，早期的尺寸都比较小，也很薄，春秋战国以前的铜镜大多直径小于20厘米，厚度也仅0.2厘米上下，且没有固定的规律，反映出当时铸镜工艺的水平仍不甚高，春秋战国时期，铸镜工艺有了长足的进步，大多数铜镜的尺寸、厚度都比较统一。但总体来说，轻薄小巧，仍是这个时期的习尚。当时的铜镜，厚度大致在0.1～0.2厘米之间，直径一般在10厘米上下，大的有15～20厘米，小的不足10厘米，重量在数十到三四百克之间，只有极少数特大特重，直径超过20厘米，重量达到700余克，当然也就特别珍贵。

到汉代时，铜镜的铸造在原有的基础上更上一层楼，审美趣味也向着饱满阔大的方向发展，因而在尺寸、厚度、重量上皆有增加，显得丰满而厚实。

隋唐时期是我国铜镜发展的全盛时代，铜镜艺术崇尚富丽豪华的风韵气度，因而镜型厚重，显得十分端庄。而镜子的尺寸规格，则根据时尚的喜好需要，丰富多变。一般来看，唐镜通常直径在20～30厘米之间，大的可达65厘米以上，小的仅4厘米，最重的有数千克，小的仅百余克。

宋辽金时期，由于政权割据对峙，常常处于战争状态，为防止铜源外流，各政权都采取了严格的铜禁政策，导致铸造钱币、铜镜的原料严重不足，一度形成"铜荒"，因此，铜镜的外形又趋于轻、薄、小，不再像唐代那样雍容丰厚了。

元明清时代，随着国家的统一，社会的稳定，铜料的来源已不成问题，于是铜镜的制作就又回复到比较大而厚重的道路上去了。

方形镜（图96），也是中国出现较早、流行时间颇长的一种镜形。它最早见于战国时期，在当时的素镜、连贯式菱纹镜、饕餮纹镜、兽纹镜、蟠螭纹镜、透雕镜上都有运用，以规整的形状和精细流畅的花纹相配合，别具风味。然而数量极少，所以，也是十分珍罕的品类。

汉代出现了长方形的铜镜，但仅见一例，圆镜仍然是铜镜家族中的绝对主角。

隋唐之际，方形镜又一次出现于铜镜的造型之中，并且胎质厚重，制作极精。

宋代以后，方形镜仍有所铸造，但数量少，质量也远不如唐代，逐渐走向了衰落。只是到清代时，由于出现了字数较多的吉语铭文镜，才又出现了不少方形镜，其中，著名的"薛惠公造"镜质量上乘，堪称精品。

唐代的铜镜造型是我国铜镜发展史上最富创意的，它大胆地突破了方、圆等简单的几何形状，创造出菱花、葵花式样的花式镜和方圆结合的亚字型镜，使铜镜的外轮廓由单一变得丰富，由静态转向动态。唐代铜镜造型的这种转变不是偶然的，在当时的瓷器、金银器等其它器类上也出现了类似的造型，这是当时中国造型艺术受到西亚地区，尤其是波斯萨珊王朝的器物造型影响的结果。

唐代的花式镜，多为八出的花瓣形，线条浑圆自然。到宋代，花式镜依然十分流行，但常将八出花瓣改为六出花瓣，线条变得硬而直，不如唐代那么柔和和饱

图96 历代方形镜举例

满（图97）。

宋代以后，花式镜在各个时期都有铸造，但在明清时比较少见，仍以圆形为主。

亚字型的铜镜（图98）在唐代出现后，并不非常流行，反而是在五代北宋之际相当盛行，至南宋以后逐渐衰落下去，但直至明清，也没有完全消失，仍有少量的铸造。

宋代是继唐代之后铜镜造型特别丰富的一个时期，单就镜型而

图97 唐宋花形镜比较

图 98 辽 莲花纹亚字形镜
径约 15.8 厘米。

言，数量已超过了唐代。宋代新创的镜型（图99）有钟形、盾形、鼎炉形，新奇特别，别具一格。但往往过于奇异与花纹不能和谐配合，因此元代以后就再也不常见了。特别值得一提的是，这一时期在北方契丹族建立的辽政权统治下，铜镜的造型中有一种独特的八边形镜（图100），除唐代曾见一例外，为其他时代所无。

在宋代的铜镜中，一个重大的突破是出现了有柄镜（图101），这

图99 宋镜中的特殊造型

**图101 宋 龟鹤仙人带柄镜**
长23.7厘米，宽13厘米，台湾王度藏。

观通常是由它的外形、镜钮、镜缘、钮座和谐搭配共同组成的。因此，我们在欣赏铜镜造型的时候，总是要将这几个部分联系起来，共同观察，才能获得总体印象，这也是我们在欣赏一面铜镜时所必须注意的。

可谓是一个革命性的变化。它突破了长期以来人们的习惯思维，是中国铜镜进一步实用化的重要标志。但奇怪的是，这种方便而实用的铜镜造型在以后的历代并没有获得很大的发展。

　　铜镜的造型，严格来说，仅指铜镜的外形，但因为一个铜镜的外

### 三、历代铜镜的花纹及其特色

　　铜镜的花纹，虽然起不了实际的功用，可却是铜镜艺术性的集中体现。试看中国铜镜发展的兴盛时期，都是以图纹精美类别丰富而著称的，因此，铜镜花纹的鉴赏，也是铜镜鉴赏中最重要的方面之一。

　　中国铜镜的花纹，如果概略地进行划分，可以归纳为自然图形和

**图100 唐与辽代八角镜**

古镜

图 102 战国 变形菱纹镜

径约13厘米，1980年湖南益阳赫山镇出土。此镜以羽翅纹为地，上饰曲折的变形菱纹，是战国常见的几何纹镜式。

人文图形两大类。其中，自然图形包括植物、动物、人物、天象、风景；人文图形则由几何图案、器物、文字、建筑、象征性图形、神话传说组成。这些图案，往往不是单独出现的，而是互相组合成某一种图形，共同装饰铜镜的背面。有的往往还带有一定的寓意。为了使大家能够对这些图形有更明确的认识，下面，我们就择取其中主要的一些图形给大家谈一谈。

## 1. 点点线线

几何纹是铜镜中最早出现的图纹，它简单而抽象，很难说有什么明确的含义，但形式多样，富于变化，为早期的铜镜增色不少。中国铜镜中使用的几何纹，大致有方、圆、三角、波浪、菱形、多边形、连珠、织锦等。在春秋战国以前，线形几何纹经常作为主题纹饰出现于镜背，或长或短，或直或曲，构成简单而又变化的图形。春秋战国时期以几何纹作为主纹的情况少了，但仍未绝迹。如战国中期的菱纹镜类（图102），就是以几何纹为主纹的铜镜类型。此外，战国镜中很多地纹也都是由几何纹构成的，如最常见的云雷纹地、涡纹地，都是几何纹。到了汉代，几何纹无论作主纹还是地纹在铜镜上都已难觅踪迹

图103 汉代几何纹镜缘举例

了，惟有在镜缘上，还能见到它们的身影（图103）。到了唐代，镜缘的装饰由花草流云之类的纹样代替，几何纹也就基本绝迹了。

## 2. 龙飞凤舞

龙，是中国古人心目中威力巨大的一种神物。《说文》形容它："龙，鳞虫之长，能幽能明，能细能巨，能短能长。春分登天，秋分而潜渊。"但在先秦时，它似乎还不是帝王的象征，只不过是在那些奇禽异兽中比较突出罢了，但到了汉代以后，由于它具有上天飞腾的能力，所以它的地位似乎就有点非同一般了，或为太阳架车，或给仙人引路，是各种神物中最非同一般的一类。到了唐代以后，大概是因

为它在各种神兽中特别突出的关系，有人就把它和人间最突出的人物——皇帝扯到了一起，成为帝王的象征，于是，它的地位也卓然超群，超越其它的纹样了。当然，龙成了皇帝的象征以后，也并未被皇家御用器所垄断，在民间的各种器具上仍然能见到它的影子。

中国的铜镜中，从春秋战国时期开始出现了龙纹的图案，此后历朝历代，都不缺乏这种纹饰，但龙的形象却并不一样，而是经历了一个发展的过程。

春秋战国到秦汉时期的龙纹形象（图104），与我们今天常见的龙不同，属于夔龙。其形象接近于爬行动物，大多是一个类锐的鸷足作弯月形，带有鳞片的蛇形身躯，头部近三角状，类蛇头，叶状耳，翘旋式的眉角或螺旋式的锥形角，没有脊棘，间或有须。这种龙在战国时代的透雕双龙纹、蟠螭（无角之

图104 战国至秦汉时的龙纹

龙）纹、蟠虺（似虫之龙）纹、饕餮（变形之龙）纹；汉代的夔龙纹上都可以找到痕迹。

从秦汉到隋唐，是龙的形象转变期（图105），龙的样子由爬行走兽状向着腾云驾雾的形象演化，称为应龙。这个时期龙的特征主要是鳞身脊棘，生有一双贴身的小翅，头大而长，尖吻，鼻、牙、耳、目比较小，大眼眶、高眉弓，牙齿尖锐，前额突起，长脸无须，颈细腹大，尾尖而长，梢部呈三角形，整个形体短而粗大，四肢强健，足多三趾，仍然有不少走兽的特征。这种形象的龙，在东汉中期的盘龙镜、龙虎对峙镜中已可见到。至唐代，盘龙镜上的龙仍属于这一类型，不过越到后来，龙的样子越进化，越接近我们今天所见到的龙的形象。

我们今天常见的龙纹形象，称为黄龙，是唐宋以后逐渐发展

图105 东汉与唐代的龙纹形象

鱼尾（图106）；双翅变为火焰，由肩部腾飞，长吻、长须、长鬣，趾多四至五个，体躯矫矢，有飞腾之势。这种龙，在宋以后铜镜中比比皆是，我们就不再一一例举了。

凤，也是传说中的一种神鸟，有人将它看成是风神的象征，也有人把它当作太阳神的使者，更有人认为它是吉祥和瑞的象征，由于凤的形象大多委婉和顺，所以长期以来，人们也把它看成是女性的代表，往往和龙搭配，显示出阴阳之间的谐调，也常作为民间婚配的祥瑞象征。

凤的形象出现在铜镜上大致是在战国晚期，比龙要晚些，数量也略少，汉代的朱雀，唐代时流行的

**图106 明 洪武二十二年铭云龙纹镜**
径10.4厘米，镜背饰龙纹，并有纪年铭，龙纹形象为明清时代之典型。台湾王度藏。

而来的，至明清达到了鼎盛的阶段。它的形象是牛头（或马头、鳄鱼头）、蛇躯、鳞身、鳄棘、鹰爪、

图107 历代凤纹萃例

# 古镜 美·的·观·照

鸾鸟形象,也是凤的变体。至宋代,凤鸟的形象始比较成熟,明清时代屡屡出现,已是非常程式化的样子了。

凤的形象,在历代铜镜中也不是千篇一律的。秦汉到隋唐时期的凤,有鹄足、蛇颈、鸡嘴、秀翼,有的还带有孔雀的翎冠翎尾,但看上去是鸟而不是神奇的凤,所以人们也称之为朱雀、鸾鸟。宋代的凤纹是比较典型的凤凰形象,高冠雀尾,目光锐利,头爪有力,翎羽飘洒,花冠逶迤,威严中见柔美,委婉中带劲健,十分优美。明清时期,凤纹虽不如龙纹多见,但在铜镜上也频频出现,基本上也是这样的形象(图107)。

### 3、奇禽异兽

除了龙和凤,在中国的铜镜上还可以看到大量其他的动物,这些动物有写实的,但更多却是经过想象而来的神兽,体现的是古人心目中的吉祥世界。

四神是汉代铜镜上非常流行的花纹,其形象也是经过改造的现实动物,既不脱离现实,又有一定的神秘感。类似的神兽形象还有辟邪、九尾狐和一些叫不上名号来的瑞兽。

辟邪(图108)是古代传说中的一种神兽,能够上天入地,驱邪降魔,在汉代的铜镜中往往可见其形象,常与四神或神仙人物搭配出现,形状如虎而生一角,虎爪豹尾,有的旁边还写有"辟耶(邪)"两字。九尾狐(图109)也是汉代神异动物中的一员,通常作狐狸状,尾呈九节。它也常与四神、神仙配置装饰,属于祥瑞之兽。据古文献记载,大禹遇白狐而成家室,并有歌曰:"绥绥白狐,九尾庞庞。……成家成室,我造彼昌",似乎和婚姻有关。

同样是经过变形而具有现实动物特征的还有瑞兽形象(图110-112),它可谓是此类灵兽镜中的元老。早在战国时代的铜镜中已有出现,到汉代更为盛行,且形象也更接近写实的兽类,但又综合了各种兽的形象,不知实指何物。至唐代,瑞兽形象仍流行了很长一段时间,并与葡萄等花草图案相结合,华丽精美,达于顶峰,但所代表的意义,仍然是吉祥和瑞。

十二生肖(图113)是这种图案的典型,它由代表十二地支的鼠、牛、虎、兔、马、羊、猴、鸡、犬、猪形象组成,虽然都是纯写实的形象,但体现的却是人们心中天时规律的循环,对生命的呵护庇佑,这种图形从北朝开始出现,在隋唐初极为盛行,并常和四神图案

图108 汉镜中的辟邪　图109 汉镜中的九尾狐　图110 战国 四兽纹镜　图111 东汉 四兽纹镜　图112 隋 仙山并照四兽镜

搭配，盛唐以后不再流行，但始终没有消失，直到明清仍然可见。

　　鱼纹也是这种带有寓意的写实图案。在汉镜中，我们常常可见铭文后面缀有双鱼的图形。金代以后双鱼图案更是盛行不衰的传统题材，这是因为鱼在古人的心目中既是能脱俗成龙的祥物，象征着高官厚禄的指望；又有善于繁殖的特点，象征着多子孙；还因为"鱼"、"余"谐音，象征着丰裕富足，吃剩有余。

　　除了生肖和鱼纹外，动物纹中的各类鸟纹也是铜镜中常见的题材，特别是唐以后更为多见，尤其

在唐代，鹊、雀、鸾鸟飞舞于镜背，清丽和美，婉转多姿，且多成对出现，还往往口衔绶带、同心结，象征夫妻的美满和谐、永结同心。因此，鸟纹镜在当时也常作为陪嫁。

　　总而言之，铜镜中的动物纹出现于西周时代，在战国、汉代风行一时，但常以抽象和幻想的灵瑞动物为主，唐代以后，写实的动物纹逐渐取代了瑞兽的地位，并与花草植物纹相配，更显丰艳美丽。

　　**4. 仙花瑞草**

　　铜镜上的植物纹出现于战国，主要是少量的花瓣花叶图案，在汉

**图113 清 嘉庆慎思堂十二生肖镜**

径约17.8厘米，通柄长28.1厘米。十二生肖镜是北朝以来历代均流行的瑞兽图案，此镜铸有嘉庆七年的铭文，可知其铸造于公元一八〇二年。

代又出现了草叶镜，但都是一些图案性很强，写实性较差的纹样。即使有一些写实性的图案，如灵芝、瑞草、扶桑树之类，也是主题纹饰的陪衬。到了唐代，传统的动物纹逐渐减少，植物纹异军突起，首先在瑞兽镜中出现了大量的花草配置，同时又出现了集各种花卉特色于一身的图案化的宝相花，预示了花卉图案的流行趋向。盛唐以后，写实花草图案大肆流行，以缠枝折枝的牡丹、芙蓉、桃李等纹饰为主，并常常配以蜂蝶、飞鸟，显示出富贵丰艳，华美绚丽的艺术气质，自此以后，花草纹样在铜镜中一直流行不衰，在宋辽金元的铜镜中屡有可见，明清时虽然不多见，但也一直没有消失。

花卉图案中除了牡丹、芙蓉、菊花、桃花是较常见的纹饰外，还有一些较特殊的纹样。

一是葡萄纹，多见于初唐的铜镜上，还常和瑞兽配置。中国原不产葡萄，是汉代张骞出使西域带来的品种。唐代葡萄种植和以其为纹饰的风气更加普遍，恰在此时，西域盛产葡萄的地区传来了当地流行的禽兽葡萄纹样，启发了中国的制镜匠人，将中国传统的瑞兽图案与已发展了一段时间的葡萄纹相结

图114 宋 娑罗树镜

合，创造出瑞兽葡萄镜，既带有传统风味，又不乏异域风情，成为了一种独特的品类，人们称之为"凝结欧亚大陆文明之镜"。

二是娑罗树镜（图114），这是唐末五代至宋代流行的图案，式样是一棵茂盛大树立于镜背中央，花叶覆盖于整个镜子的上部，上有15朵盛开的花瓣，树干两侧各一片流云。花的形状有葵花形、披针形、卵形等不同。这种图案简洁而粗放，既不同于唐代，也有异于宋代的花卉风格。据佛经记载，佛祖降生于娑罗树下，又在娑罗林中涅槃，故此树为佛家圣树。铜镜上的娑罗树花纹，可能是与佛教有关的图案题材，这与同时期流行的其他佛道花

图115 西汉　见日之光透光镜

径7.4厘米，以钮为中心，饰连弧纹及若干凸弦纹，边缘饰以密集的平行线，属重圈纹镜。现藏上海博物馆。

图116 内清连弧纹镜
径约12.8厘米，1997年陕西西安汉陵陪葬墓出土。

纹题材是相一致的。

### 5．天地万象

在中国铜镜中，还有一个十分特殊的现象，就是出现了不少表现古人宇宙观念的图像，反映人们对于天地万物、自然生命的一种探索与思考，也是中国文化"藏道于器"观念的集中体现。

这一类纹饰，以汉代的规矩纹、星云纹最为突出，此外，还有表现日月的连弧纹、重圈纹，和反映天象、自然规律的二十八宿、八卦五行图案等。

重圈纹是以一些凸起的线条表示太阳和月亮的形状，在边缘又配以斜线表示太阳的光芒，还在铭文中用"见日之光，天下大明"之类的句子加以诠释，反映了汉人对于日月的崇拜（图115）。

连弧纹也是日月的象征，以内圈凸起的宽带象征日月，内凹的边弧纹表示光芒，其间配的小圆圈和小圆涡是星辰、云雷的变体，周围也有短斜线和表示与日月有关的铭文（图116）。

八卦是《周易》中八种基本图形，表示自然界中的天、地、雷、风、水、火、山、泽，极为抽象。但每种图形含义极深，若相互配合还能演绎出天地间一切的现象，因此是

图117 唐 五行八卦十二支镜

古人对于天地宇宙的一种概括性的认识。这种图形在唐代时出现于铜镜上，宋代时非常流行，还常和表示金（金属香炉）、木（树木）、水、（水池）、火（火焰）、土（中心处）的五行图案（图117）相配合，至明清时也屡屡可见。

### 6．天上人间

从战国开始，铜镜的纹饰中出现了人物活动的图像，虽然数量极少，却是镶金嵌银，华丽非凡，图案紧张生动，富有生活的气息。

东汉时期，人物图案开始大规模地出现于铜镜之中，从此成为中国铜镜中久盛不衰的一个装饰题材。

有关人物活动的图案纹饰可分

图118 汉镜中的东王公、西王母以及羽人形象

图119 唐 王子乔吹笙引凤镜
径约12.9厘米，河南洛阳出土。

为神仙佛道故事、历史传说、民间故事、现实生活几个类别。最早大规模出现在铜镜上的，是反映汉人升仙思想的神仙图案，其中主要的人物形象有东王公、西王母、羽人等。

东公王、西王母是神兽镜和画像镜上最主要的神仙形象，一般表现为端坐的中年男女形象。其身旁往往有白鹿、三足鸟、九天玄女（人首鸟身）、侍者等陪衬形象。

羽人也是神话传说中的神仙形象。他往往耳朵长又大，似人而又像兽，身上长毛或带有羽翼，手中执有灵芝仙草，一派仙风道骨，在天地间自由翱翔。相传羽人善飞翔。往往接引人们升天入仙，因此，汉代人对他如此青睐是不足为奇的（图118）。

神仙世界的生活在唐代的铜镜中也十分多见，但人物形象更写实，图案画意更浓郁，月宫镜就是这方面最典型的例证。

除了月宫镜外，唐代铜镜中还有表现周灵王太子王乔吹笙引凤（图119），得道飞升的图纹和真子飞霜纹饰，也属于这一类的题材。

同一类的题材内容在宋、元、明、清的铜镜中都有不少表现，如宋代的仙人龟鹤、吹箫引凤（表现弄玉随萧史学箫，引凤来止，双双飞升的故事，常做仙人骑凤飞升状。）；元代的罗汉渡海、洛神、观音浮海图案；明清的寿星、八仙（包括以法器暗示的暗八仙）（图120）纹饰等。这种图案的显著

图120 明 八仙祝寿图镜

特点是，汉唐多反映凡人升仙的向往，宋代以追求长生为要旨，元明清时则以吉祥如意的寓意为多。

历史传说是以历史上的著名人物的故事为纹饰的一种图案，其内容带有一定的教化意义，比较典型的是汉代的伍子胥镜和金代的许由、巢父镜（图121）。

许由、巢父的故事见于《高士传》，反映上古的尧想把天下让给许由，许由不受逃走，到水边洗耳，表示不愿听此世俗之言。他的朋友

图121 金 许由巢父故事镜

图122 唐 三乐镜

径约12.9厘米，河南洛阳北郊出土。

巢父认为他故意做作，沽名钓誉，牵牛到上游引水，以免其洗耳水污了牛口。这则故事主要表现士人隐居的理想，在铜镜中以画面形式出现，山水错落，人物生动，很有宋代山水人物画的风味。

民间故事早在汉镜中已有表现，在一些神兽镜中，我们常常可以看到伯牙鼓琴的形象，反映的是战国时贵族俞伯牙一曲高山流水遇到知音钟子期故事。唐代的同类题材有三乐镜（图122），表现孔子在泰山遇见荣启期鼓琴而歌，问他为什么如此快乐，他回答贵而为人一乐，贵而为男二乐，得享高寿三乐的故事，反映儒家以人为本，男尊女卑，敬老乐天的思想，是唐代流行的镜类。

金代统治中原时期，反映民间故事题材的纹饰大为流行，常见的内容是柳毅传书（图123）、牛郎织女、王质观棋、吴牛喘月等（图124）。前两个故事广为流传，后两个故事分别出于《述异记》和

**图123 元 柳毅传书镜**
径约17.2厘米，径约8.5厘米，1987年吉林德惠出土。

图125 金 吴牛喘月镜
径约8.5厘米，1987年吉林德惠出土。

《太平御览》。前者记载晋朝人王质砍柴山中，见几个童子下棋，驻足而观，良久，低头，发现腰中斧子已烂，时间已越千百年，是带有神话性质的故事。后者述录吴地风俗，水牛怕热，见月误以为日，急急喘气，用以比喻胆怯之人。

表现现实生活的图案，在战国狩猎纹镜中可以见到，汉代的画像镜中也有一些舞蹈、杂技、出行的纹样。至唐代时，出现了描绘极其写实生动的打马球镜，标志着这一题材的进一步成熟。宋金时又出现了蹴鞠纹和童子攀枝纹，生活气息更加浓郁，形象更趋于世俗化，是这类纹饰的又一大进步。元明清时代，表现生活的图案内容更加丰富，又进一步扩展到航海出行、养生练气、童子嬉戏、楼阁仕女（图125）等方面，从不同的角度体现出社会生活的千姿百态，富于浓郁的世俗情调。

## 四、历代铜镜的铭文及其意义

中国铜镜是一种图文并茂的工艺品，除了装饰大量精美而又绚丽的花纹外，还有在镜背铸刻文字的传统。这些铸刻文字，就是铜镜的铭文，它内容丰富，反映了各个时代的社会背景，思想意识，字体多变，具有一定的装饰性和鲜明的时段性。

中国铜镜的铭文出现于战国末年，但极为罕见，在当时的铜镜工艺中还没有得到发展，只是极个别的现象。到了西汉的初年，铭文开始在铜镜上频频出现，在当时流行的蟠螭纹镜上经常可见，但仍然不十分普遍，还只是主题花纹的一种陪衬。到了西汉中期，随着汉式镜风格的逐步确立，铭文在铜镜上的地位日益重要，在一些新出现的镜类如草叶纹镜、星云镜、连弧纹镜、重圈铭文镜中普遍运用。尤其是重圈铭文镜，花纹单纯朴素，仅几道凸起的圈带，铭文成了镜背的主要装饰，已成为与花纹一样的一种装饰手段。

汉初至汉代中叶的铜镜铭文，在内容上有明显的一致性。大体上可以分为吉语祝词、相思情语、自夸铭文三大类。

所谓吉语祝词，是指那些企求官高禄显、富贵绵长的铭文内容，如"大乐贵富，千秋万岁，宜酒食"（图126）；"君宜高官，位至三公，大利"等（图127），反映的是汉初社会百废待兴的社会状况，和人们急功近利的心态。西汉之初，为了

图 125 明 楼阁人物镜

径 10.3 厘米，镜背饰楼阁人物图案，为明清时新题材，钮作鼠形，较少见。台湾王度藏。

巩固新王朝的政权和统治，建立新的秩序和规范，制定了一系列的制度来选拔各阶层的人才，为朝廷服务。因此人们渴望大展鸿图，升官发财的愿望也就随之高涨，反映到铜镜工艺上，就是大量吉语祝词铭的出现（见附表）。

　　西汉早中期，除了在政治上建立新的秩序外，在外交、军事上也有许多重大举措。尤其是汉武帝时为了开疆拓土，进行长期的对匈奴的战争，导致大量人口离家从军，远赴边关。因此，在这一

图126 西汉 大乐富贵蟠龙镜

图127 西汉 家常贵富镜
径约18厘米，1962年山西右玉大川出土。此镜属吉语铭文镜，该铭文内容流行于西汉晚期。

图128 西汉 道路辽远镜　　　　图129 西汉 见日之光透光镜　　　图131 东汉 吾作神人神兽画像镜

时期的铜镜铭文中出现大量的相思情语（图128），反映出人们对和平的渴望，对团圆的向往（见附表）。

　　同时，由于铜镜铸造的大规模发展，铜镜在日常生活中的使用越来越普及，生产的商品化也越来越明显，于是一些赞美镜子的质量和效用，类似广告宣传语的铭文内容也出现在铜镜的上面（见附表）。这些自夸铭文在当时的铜镜中最为常见，又往往迎合人们对铜镜光明闪亮，能辟除不祥的心理加以阐发，形成了汉镜铭文最著名的两个大类。"日光"铭（图129）和"昭明"铭，以及与此相类而数量略少的"铜华"铭，大量使用，广泛流传，直到西汉晚期依然盛行不衰。

　　西汉晚期到东汉魏晋南北朝时

期，铜镜铭文的铸造更加兴盛，在各类镜上都有出现，已经成为当时铜镜装饰一个不可或缺的重要组成部分。除了原先已经流行的自夸类铭文继续流行使用外，这一时期还出现了一些新的内容，这些内容有的是根据以前的铭文稍做改动或增色，有的则赋予新的思想意境，形成了新的镜铭类型。

　　前者主要是原先的吉语祝词铭和自夸铭文（见附表），在这一时期出现了新的内容，如吉语祝词铭较长的有"青盖作竟佳且好，子孙番昌长相保，男封太君女王妃，寿如金石，大吉"（图130），较短的则有"君宜高官"、"家常贵富"、"长生宜子"等；自夸铭文有"清白"铭、"吾作明镜"（图131）之类。当时自夸类的铭文，往往要在铭文中加进如

**图130 东汉 青盖龙虎纹镜**
径约13.5厘米，1955年湖南长沙丝茅冲四十九号墓出土。镜背饰龙虎纹及"青盖作竟……"铭。

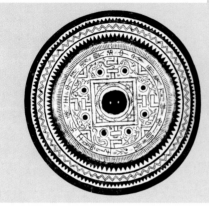
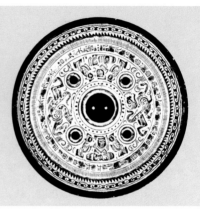

图132 东汉 尚方鸟兽神人奏乐镜　　　　　　　图133 东汉 龙氏神人龙虎画像镜

何铸造铜镜的过程，表明镜子是经过精心冶炼而成的，典型的如"吾作明镜，幽涷三商，雕刻无极，配象万疆"等，指出铜镜经过反复的冶炼，雕刻之工更是精巧，质量既佳，纹饰亦美，具有很强的广告效应。此外这类铭文中还往往加上"买者富贵，长宜子孙延年兮""长吏买镜位至三公。古董（贾）人买镜百倍田"之类的宣传，以博顾客的青睐。

西汉晚期以来长生升仙思想大为盛行，铜镜上出现了大量新兴的装饰题材如四神、神兽、神仙人物故事等。于是反映辟邪鬼，渴望长生升仙的新型驱鬼铭开始广泛地流行，成为这一时期

镜铭中最主要的一个类型（见附表）。在这类铭文中，最常见的有"左龙右虎辟不样，朱雀玄武顺阴阳"；"尚方作竟真大好，上有仙人不知老，温饮玉泉饥食枣，浮游天下敖四海，寿如金石为国保"等，往往与铜镜的图案相配应，表现出充满神奇幻想的神圣天国景象。

除了天国神仙的境界，汉代人也没有忘却身边的现实世界，在这一时期的铭文中，还出现了不少反映当时社会生活的内容（见附表），如"胡虏殄灭天下复，多贺国家人民息，风调时节五谷熟"等，表现了武帝以后，国家安宁，人民富足的社会景象，与上一个时期那种叹

息远行，悲痛伤别的情怀大异其趣；还出现了鼓励仕进，劝学教化的铭文内容。如"圣人周公，鲁孔子，作吏高迁车生耳。郡举孝廉士、州博士，少不努力老乃悔"等。

除了在内容上颇多变化，西汉晚期以后的铜镜铭文中还出现了一些值得重视的新现象。一是在铜镜的铭文中出现了许多"尚方"铭（图132）和纪氏铭（图133），反映了当时官私铜镜制作都极其繁荣的局面。尚方是汉代宫廷专设的御用器具制造机构，铜镜的铸造也属其管辖，因此带有尚方镜铭的铜镜多为官家铸造，品质

好，做工精，在当时属一流产品，但也有一部分民间私铸品，盗用尚方镜铭，谋取高价，大多质量较差，铭文内容脱略不全，在收藏时要加以注意。此外，当时还有一些直接标明铸造者姓氏的如"朱氏"、"李氏"、"袁氏"等几十种纪氏铭，有的还写明匠师的籍贯，反映了私家镜空前繁荣的局面，和铸镜中心在铸镜业中的崇高声望，也具有一定的商标名号性质，为后世商标名号类铭文的滥觞。

同时从西汉晚期起，铜镜的铭文出现了纪年的情况，与其他铭文内容相互连接，提供了铜镜铸造的确切时间。东汉时代，铜镜的纪年更加普遍，几乎大多数有铭镜上都出现了纪年的现象。（图134）至魏晋南北朝，纪年更加盛行，使铜镜年代的确定有了非常明确的参照，是重要的断代依据。

汉代的铜镜铭文，虽然是社会思潮的集中反映，有"以物载道"的作用在其中。但更主要的，是作为一种装饰出现的，因此，我们在盛行铸造铭文的汉镜上可以看到这样一个奇怪的现象，铭文往往错字漏句，或随意删减，以至于不能通读成句。如上面我们提到的"昭明"、"铜华"、"清白"等铭文，在汉镜中

图134 东汉 建安十年神兽镜

径约14.7厘米，浙江绍兴出土，属纪年镜，建安十年为公元二〇五年。

古镜

## 附：汉镜（包括魏晋南北朝）铭文的主要内容和类型举例

| 时代 | 名称 | 内容 | 类型 |
|---|---|---|---|
| 西<br><br>汉<br><br>早<br><br>中<br><br>期 | 大乐富贵 | "大乐富贵，千秋万岁，宜酒食"；"常富贵，乐未央"；<br>"大乐富贵，得所好，千秋万岁，延年益寿" | 吉语祝词 |
| | 君宜高官 | "君宜高官，位至三公，大利"；"君宜高官，位至公卿"；<br>"祝愿高官，位至三公，金钱满堂" | 吉语祝词 |
| | 日有熹 | "常富贵，乐无事，日有熹，常得所喜"，"日有熹，月有富，<br>乐毋事，常得意，美人会，竽瑟侍，贾市程万物" | 吉语祝词 |
| | 道路辽远 | "道路辽远，中有关梁，鉴不隐情，修毋相忘" | 相思情语 |
| | 长相思 | "长相思，毋相忘"；"大乐未央，长相思，愿毋相忘"；<br>"与天无极，与地相长，欢乐未央，长毋相忘" | 相思情语 |
| | 君行卒 | "君行卒，予志悲，久不见，侍前稀"；"昔同起，予志悲，<br>道路远，侍前稀" | 相思情语 |
| | 愁思悲 | "愁思悲，愿君忠君不说，相思愿毋绝" | 相思情语 |
| | 君有行 | "君有行，妾有忧，行有日，反无期，愿君强饭多勉之，<br>仰天大息，长相思，毋久（文未铸完）""君有远行，妾（敢）<br>私喜，□自次□止，君旋行来，何以为信，祝父母耳，何木<br>毋庇，何人毋友，相思有常可长" | 相思情语 |
| | 日　光 | "见日之光，天下大明"；"见日之光，天下大阳"；<br>"见日之光，所见必当" | 自夸铭文 |
| | 昭　明 | "内清质以昭明，光辉象夫日月，心忽扬而愿忠，<br>然壅塞而不泄" | 自夸铭文 |
| | 铜　华 | "清之冶铜华以为镜，丝组杂以为信，清光乎宜佳人"；<br>"涑冶铜华得与清，以之为镜宜文章，延年益寿辟不祥，<br>与天无极如日光，长乐未央"；"清之冶铜华以为镜，昭察衣<br>服观容貌，丝组杂以为信，清光乎宜佳人"；"涑冶铜华得<br>与清，以之为镜昭万刑，五色尽具正赤青，与君无极毕长生，<br>如日月光芒" | 自夸铭文 |
| | 清　白 | "洁清白而事君，察阴欢弇之明，焕玄锡之流泽，恐疏远<br>而日忘，慎靡美之穷皉，外承欢之可说，慕窈窕之灵泉，愿<br>永思毋绝" | 自夸铭文 |
| | 吾作明镜 | "作明镜，幽涑三商，雕刻无极，配象万疆" | 自夸铭文 |

| 时代 | 名称 | 内容 | 类型 |
|---|---|---|---|
| 西汉晚期至魏晋南北朝 | 纪年（有永康元年、中平六年等） | "永康元年正月午日，幽涑黄白，旦作明镜，买者大富，延寿命长，上如王父，西王母兮，君宜高位，立至公侯，长生大吉，太师命长"等 | 自令铭文 |
| | 青盖 | "青盖作镜佳且好，子孙番昌长相保，男封太君女王妇，寿如金石，大吉" | 吉语祝词 |
| | 位至三公 | "位至三公" | 吉语祝词 |
| | 君宜高官 | "君宜高官" | 吉语祝词 |
| | 家常贵富 | "家常贵富" | 吉语祝词 |
| | 长生宜子 | "长生宜子" | 吉语祝词 |
| | 寿如金石 | "寿如金石" | 吉语祝词 |
| | 胡房 | "胡房殄灭天下复，多贺人民国家息，风调时节五谷熟" | |
| | 纪氏 | "许氏作镜自有纪，青龙白虎居左右，圣人周公、鲁孔子，作吏高迁车生耳。郡举孝廉、州博士，少不努力老乃悔" | 现实类铭词 |
| | 君如金石 | "君如金石寿宜官秩" | 吉语祝词 |
| | 尚方 | "尚方御镜大毋伤，巧工刻之成文章，左龙右虎辟不祥，朱雀玄武顺阴阳，子孙备居中央，长保二亲乐富昌，寿敝金石如侯王宁""尚方作镜真大好，上有仙人不知老，渴饮玉泉饥食枣，浮游天下敖四海，寿如金石为国保" | 升仙驱鬼铭 |
| | 佳镜 | "此有佳镜成独好，上有仙人不知老，渴饮玉泉饥食枣，浮游天下敖四海，寿如金石为国保" | 升仙驱鬼铭 |
| | 来言 | "来言之纪从镜始，长保二亲和子孙，辟除不祥宜古市，从今以往乐乃始" | 升仙驱鬼铭 |
| | 福禄 | "福禄进兮日以前，天道得物自然，参架蜚龙乘浮云，白虎失，上大山，凤鸟下，见神人" | 升仙驱鬼铭 |
| | 福熹 | "福熹进兮日以萌，食玉英兮饮澧泉，白虎□兮上泰山，凤凰舞兮见神仙，保长命兮寿万年" | 升仙驱鬼铭 |
| | 纪氏（有王氏、鲍氏、李氏等） | "王氏作竟真大好，上有仙人不知老，渴饮玉泉饥食枣，浮游天下敖四海，寿如金石为国保" | 升仙驱鬼铭 |
| | 善铜 | "汉（或作新）有善铜出丹阳，和以银锡轻且明，左龙右虎主四彭，朱雀玄武顺阴阳" | 升仙驱鬼铭 |
| | 上大山 | "架蜚龙，乘浮云。上大山，见神人，食玉英，饵黄金。宜官秩，葆子孙。长乐未央，大富昌" | 升仙驱鬼铭 |

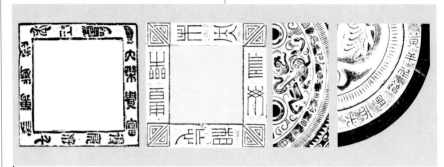

图134 汉镜铭文字体的变化

很少有完整的出现，常常是经过减省后的形式。如"昭明"铭往往省去"质"、"辉"、"兮"等字，变成"内清以昭明，光象夫日月，心忽不泄，"除了前两句外，后面说的是什么意思都不得而知。出现这种情况的主要原因是因为铸镜的工匠在制模时没有将铭文布置的位置准确地计算好，以至于写到后来地方不够，只好省略了事。这种省略非常多见，可见汉人对铭文的内容是什么并不十分关心，镜铭，只是镜背装饰的一个组成部分，是另一种形式的花纹罢了。除了在铭文词句上进行减省，铭文文字的笔画也有省略的现象，如将"仙"字写作"山"，"铜"字铸成"同"等，也是因为计算失当难以在较小的面积里将原字清晰地铸出，只好采用省的方法，

草草收场。当然，这种胡乱省略铭文句子和文字偏旁的做法一般都出现在那些质量较差的私家铸镜中，由官方铸造或一些质量较精的铜镜这种现象就很少见到。不过，即使是官方铸造的质量较高的铜镜，上面的铭文有时也会让人看不懂，这是因为，汉代的文字中还存在着较多的的通假字，如"大（太、泰）山"、"蜚（飞）龙"、"幽湅（炼）三商"、"尚方作竟（镜）"等。这在隋唐以前的古代文献中屡见不鲜，是汉字尚未达到完全成熟和标准化的一个表现，并不算作错别字。但对我们带来了辨认上的困难，因此，铜镜收藏者有必要了解一些古字通用的惯例，以帮助自己辨别铜镜的真伪好坏。此外，汉镜铭文的字体在各个阶段并不同（图134），如汉初以

修长圆润的小篆为主，转角多带圆意；稍后字体变方，与汉印中的缪篆相似，到东汉后隶书日益成熟，镜铭虽然仍用篆书，但已大大简化，到魏晋南北朝时，离篆书时代更远，镜铭也就采用成熟的隶书，但笔画极细，又不甚清晰。这些特征都是非常细小但又具有代表性的，大家收藏的时候，也要留神注意。

汉镜铭文中带有装饰趣味的写法还有在"日光"铭的每个字之间常常夹一些"の""⊕"的符号；在昭明镜的每字之间一个"而"字等，它与减省句子和偏旁的作用相反，是为了使较大的面积上不会因为铭文字数太少而显得空旷采取的一种权宜措施，也是汉镜铭文装饰功能的集中体现。

汉镜的铭文，作为一种装饰，在铜镜中的地位是与花纹相同的，因此其布局，也和当时的花纹异曲同工，有轴对称和心对称两种，前者是将铭文在钮的上下直行排列，后者则是将铭文环绕钮，布置在钮座四周，或是镜背的内区和外区。

铜镜的铭文发展的第三个阶段，是在隋唐时期，镜铭的内容、形式和字体都有新的突破和变革，反映出新的时代风尚。

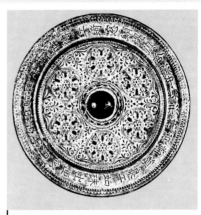

图135　隋　练形团花镜

隋唐时铭文的铸造，主要流行于隋代至唐初，盛唐时以铭文作装饰的风气消失，晚唐铭文又一次出现，但形式内容与隋唐初相比已不可同日而语。

隋唐初的铭文大多采用汉镜中最多见的圈带布置法，通常在钮座间，或是外区，又或在内外区之间安排铭文。铭文的字体流行这时已趋成熟的楷书，但偶而仍有篆书或隶书出现。铭文的内容和文体形式是此期变化最大的方面，一般采用南朝以来盛行的骈文作为镜铭（图135），四字一句，偶见五字一句，词语华丽多彩，句子互相对仗，读来如同诗歌，非常优美。

铭文的内容仍以自夸质量、相

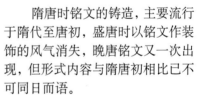

## 附：隋唐初铜镜上的主要铭文

| 铭文 | 铭文 | 时代 |
|------|------|------|
| 光正 | 光正随人　长命宜新 | 隋<br><br>代 |
| 昭仁 | 昭仁晌德　益寿延年　至理贞壹　鉴保长全 | |
| 窥庄 | 窥庄益态　辩皂增妍　开花散影　净月澄圆<br>窥庄益态　韵舞鸾鸯　万龄永保　千代长存<br>能明能鉴　宜子宜孙 | |
| 灵山 | 灵山孕宝　神使观炉　形圆晓月　光清夜珠<br>玉台希世　红妆应图　千娇集影　百福来扶 | |
| 绝照 | 绝照览心　圆辉属面　藏宝匣而光掩　挂玉<br>台而影见　鉴罗绮于后庭　写衣簪乎前殿 | |
| 玉匣 | 玉匣盼开盖　轻灰拭夜尘　光如一片水　影照两边人 | |
| 团团 | 团团宝镜　皎皎升台　鸾窥自舞　照日花开　临池满月　睹貌娇来 | |
| 武德 | 武德五年岁次壬午八月十五日甲子扬州总管府造青铜镜一面充癸未<br>年元正朝贡其铭曰上元启祚灵鉴飞天一登仁寿于万斯年 | 武<br><br>德 |
| 美哉 | 美哉圆鉴　览物称奇　雕镌合矩　镕洗应规<br>仙人累莹　玉女时窥　恒娥是埒　服御攸宜 | |
| 仙山 | 仙人竝照　智水齐名　花朝艳采　月夜流明<br>龙盘五瑞　鸾舞双情　传闻仁寿　始验销兵 | |
| 阿房 | 阿房照胆　仁寿悬官　菱藏影内　月挂壶中　看形必写<br>望里如空　山魈敢出　冰质惭工　聊书玉篆　永镂青铜 | 高<br><br><br><br>宗 |
| 镕金 | 镕金琢玉　图方又圆　质明采丽　菱净花鲜<br>龙盘匣里　凤舞台前　对影分咲　看镜若妍 | |
| 赏得 | 赏得秦王镜　判不惜千金　非关欲照胆　特是自明心 | |
| 镜发 | 镜发菱花　净月澄华 | |
| 光流 | 光流素月　质禀玄精　澄空见水　照迥凝清　终古永固　莹此心灵 | |
| 照日 | 照日菱花出　临池满月生　官看巾帽整　妾映点妆成 | |
| 盘龙 | 盘龙丽匣　凤舞新台　鸾惊影见　日曜花开<br>团疑璧转　月似轮回　端形鉴远　胆照光来 | |
| 炼形 | 炼形神冶　莹质良工　如珠出匣　似月停空<br>当眉写翠　对脸传红　依窗绣晃　俱含影中 | |
| 有玉 | 有玉辞夏　惟金去秦　俱随掌故　共集鼎新　仪天写质<br>象日开轮　率舞鸾凤　奔走鬼神　长悬仁寿　天子万春 | |
| 花发 | 花发无冬夏　临台晓夜明　偏识秦楼意　能照点妆成 | |

(1) 铭文的时代以本文出现的最早铜镜铭文为准　(2) 铭文的排列基本上按时代先后　(3) 各类镜铭中文字有若干差异，仅列一种

思情语、吉语祝词为主（见附表），但文字选择与汉代质朴的风格大相径庭，字字如珠，篇篇锦绣，与唐诗华丽浪漫的气格十分契合。当时的镜铭中，五言诗和回文诗都是非常罕见而又珍贵的，如"冬朝日照梁，含怨下前床，惟寒以带叶，镜转菱花光。会是无人觉，何用早红妆"，描绘闺阁女儿冬日清晨临镜自看，叹息无人怜惜的情景，词句婉约动人，气息清新缠绵，即使置之于众位大诗人的诗作之侧，也不觉逊色。回文指字句回旋往返，正顺倒逆都能诵读成义的诗，一般由两句顺读，可得：月晓河澄，雪皎波清，用八种方法进行排列，都可解释。如将此二句顺读，可得：月晓河澄，雪皎波清，晓河澄雪，皎波清月；河澄雪皎；波清月晓，澄雪皎波，清月晓河四种；将其逆转，又可得四句：清波皎雪，澄河晓月；波皎雪澄，河晓月清；皎雪澄河，晓月清波；雪澄河晓，月清波皎，既优美，又有趣，是历代镜铭中最具特色的类型之一。

隋唐初的镜铭，其流行的时代各有些微小差别，而且，某些镜铭的镜子似乎是专门为某一类人

图136 唐 开元十年月宫葵花镜

士所制作，如"当眉写翠，对脸传红，绮窗秀晃，俱含影中"；"玉台希世，红妆应图，千娇来集，百福来扶"之类的铭文，每一句都描绘闺阁女子梳妆的美态，应当是当时妇女专用的镜子，而不为男性所用。

盛唐时铭文几乎在铜镜上绝迹，流行纯以花纹作装饰的风格，但在个别铜镜上仍有铭文出现。如盘龙镜的边缘上有圆形的铭文，作"千秋"字样，被认为是玄宗生日时颁赐群臣的"龙镜"；三乐镜上往往有方格铭"荣启期问曰答孔夫子"，标明花纹的取典出处；真子飞霜镜也有类似的方格铭表明图案名称。这些铭文，它的作用已不再是装饰镜背，而是一种标识，好像今天的

图137 唐 龟自卜八卦镜　　　　图138 宋 饶州镜　　　　图139 宋 匜鉴斯镜

商品品牌之类，故而都短而不甚起眼。此外，在这一时期偶而也有长篇的铭文出现，如上海博物馆收藏的一面月宫镜在花纹之外铸有三圈一百五十六字的铭文，不但是盛唐所仅见，就是整个唐代，也罕有其匹，是极为珍贵的作品（图136）。

晚唐时圈带铭再一次流行，但主要是在佛道题材的铜镜上，文字也谈不上优美，似乎更具有实用的祈福消灾作用（图137），是后世吉语铭的先声。这类的铭文主要在万字镜的万字纹中排列"永寿之镜"，或在万字两侧置"受岁"二字；在八卦镜中铸八卦符，及"精金百炼，有鉴思极，子育长生，形神相识"，"水银呈阴精，成炼得为镜，符箓寿象备，卫神永保命八卦"之类

的铭文。

宋代是中国铜镜铭文发生质变的时期，从南宋开始，铜镜的铭文转为完全实用性的商标名号铭（图138），且采且宋版书体，长方形印章式样，无论内容，字体还是排列都毫不讲究艺术性。当时的商标名号名主要标明铸镜的产地、铸家的姓名，如"湖州石家青铜照子"；"明州夏家青铜照子"等。有的在地名后标明作坊的具体所在，如"苏州乌鹊桥南缪家真青铜镜"，也有些在铸家名之后加上具体的排行，如石念二叔、石四郎等，并有注明"真"、"真正"、"真正一色"等的字样以表现作品的正宗。还有一些甚至把铜镜的价钱也讲得一清二楚，如"湖州石家无比炼铜每面一

"百文"之类，商品气息极其浓厚，是宋代商品经济迅速发展，民间铸镜发达的见证。当时的铜镜铸造，数量很多，除了民间的制造外，官方也设专门的"铸鉴局"，在镜铭中亦有表现，如"湖州铸鉴局乾道四年炼铜照子官（押）"铭即属于此类。

从晚唐开始出现的类似吉语铭的镜铭在宋代也获得了一定的发展，有圈带状排列和直行排列的不同，前者主要有"福寿家安"，布置于素弦纹划分出的内区，外区也有八字，为"清素传家，永宝用鉴"；还有内区铸"忠孝之家"，外区为"长命宝贵，家和良昌"，缘上刻记并花押。后者一般铸在钟形的镜子上，两行竖排，内容有"回光反照，熟为妍丑"；"匪鉴斯镜，以汝尔容"（图139）；"炼铁为鉴，衣冠可正"等，与形制、纹饰、铭文相配合，非常容易判别。

与宋同时期的辽金，铭文也有自己的特色。辽代多契丹文铭文，内容富有哲理，如"时不再来"铭，大意为"时不再来，命数由天，逝矣年华，红颜白发，脱超尘网（啊）……"，以箴言警语的形式出现，在吉语铭文泛滥的情况下独树一帜，令人耳目一新。金代铭文的主要特点是均为官府验镜铭

图140 金 承安四年镜

（图140），是当时实行铜禁的直接反映，内容为年号、地名、铸镜机构、官员等，如"承安二年镜子局选"；"大兴县官（花押）"；"承安三年上元日陕西运司官造监造，事任（押），提控运使高（押）"；"定州录事司验迄官（押）"等，部位则多在铜镜的素宽边缘上。

元明清三代的铜镜承袭宋以来的作风，以单纯的商标铭和简单的吉语铭为主要内容。吉语铭一般是四个字，绕钮对称，有的在铭字外加方框，字与字间还配以吉祥图案。偶尔，也有长篇的铭文，主要出现于清代，一般布置在方方镜中，内容有"如日之精，如月之明，水天一色，犀照绝伦"等。商标铭

仍沿袭前代的风格，明清时有些铸造在镜钮的平顶上，外框除方形外还有葫芦形等式样。在这些商标中，湖州薛家的名气最响，明清两代都有所见。明代的薛家铭，多以仰、思、怀、近、敬之类的动词与峰、溪、泉、河等字眼相联，组成仰峰、怀泉、近溪一类的名字，附庸风雅，与宋代时石家镜质朴的署名大大不同。清代薛氏铸镜以薛惠公最闻名，有"薛晋侯"、"薛惠公造"等字号，所铸的镜子质量高超，堪称清镜中翘楚。

## 五、铜镜的铸造和特种工艺镜

中国的铜镜铸造，是伴随着中国青铜时代的到来而出现的。齐家文化的铜镜，虽然质地粗糙，但却是中国最早的青铜制品之一。然而奇怪的是，铜镜铸造并没有与古代青铜工艺的发展同步，在中国青铜艺术空前发达的商周时代，铜镜的铸造一直在较低的水平上发展。这主要是因为铜镜作为一种日常的生活用品，在讲究礼仪的商周社会不受重视，不像礼器那样下功夫铸造的关系。而当时代发展到春秋战国时期，传统的礼乐制度受到挑战，日常器的制作日益兴盛时，铜镜的

铸造就显示出高超的水平，在各种青铜艺术品中表现突出。汉代以后，由于传统的青铜器铸造的衰退，铜镜铸造成后来居上，在青铜艺术中独领风骚，创造出大量优秀的艺术品，取得了令人赞叹的成绩。唐代手工业发展欣欣向荣，铜镜工艺获得了高度的发展，攀到了历史上的颠峰。宋代以后，整个铜镜铸造业趋向衰落，铜镜工艺再也没有出现引人注目的变化和发展，延续至明清，更加衰败，最终为海外新传入的玻璃镜所取代。

我国古代的铜镜，绝大多数是青铜质地的，由铜、锡、铅三者的合金组成。这是因为纯铜的质地太软，但熔点过高，铸造难度大而物理性能差，不宜用来铸造器物。而在其中加入适量的锡以后，就可以降低熔点而增加器物的硬度，再加入少量的铅，才能够提高合金的填充性，使铸造出来的器物表面光滑细腻没有沙眼气泡，纹饰也能清晰入微，具有较好的观赏效果。在我国的青铜铸造中，很早就注意到合理的合金配比是器物铸造成功的基础和保证。因此，对使用要求不一的各种青铜器的合金配伍进行了研究，把铸造一般容器、特殊用途的铜镜、乐器、兵器所需的最佳配方

寻找出来，因器而制，达到了很好的效果。战国时代著名的手工业著作《考工记》对各种铜器的合金比例作了科学的归纳，称为"六齐"，其中提到铸造铜镜铜与锡的比例应当"金锡半"，也就是锡（包括铅）的含量当在铜的一半左右，即要铸造高锡青铜。这是因为铜镜具有照形的要求，必须极其细腻光滑，必须比一般的青铜器加入更多的锡，才能达到要求。同时，这种高锡配方，也能使铜液处于最佳的流动状态，使铜镜的花纹纤毫必现，细入微芒。但是从战国镜的实物来看，合金中的锡并不十分高，一般在20%左右，似乎不符合铸造的要求。因为一旦锡的含量较高，铜器的脆性就会大大地增加，非常容易断裂，也难于铸造比较大的器物。战国时代可能尚未很好地解决铜镜铸造中的脆断问题，因而并未采用最佳的配比，制成的铜镜也显得比较小，并带有一定的韧性，可弯曲而不折断。但我们也注意到，战国铜镜的花纹极其精细，往往带有极细致的地纹，甚至出现有三层花纹，镜体也特别轻薄，这是由于战国镜当中铅的含量比较高，增加了铜液的流动性的缘故，这在同时的其他青铜器中也可以观察到。到了

汉代，铜镜的铸造工艺有了进一步的发展，合金的比例更趋合理，并且十分稳定。一般铜占67～69%，锡占23～24%，铅占4～6%，符合"金锡半"的最佳配比要求，因此汉镜的性能良好，纹饰极其精细，是历来铜镜中质量最上乘的时期之一。同时，铸镜业似乎已解决了高锡铜镜易脆断的问题，能够制造大型的铜镜了。唐代的铜镜合金配比近于汉镜而更稳定，大多呈明亮的银白色，胎体厚重密实，形体更大于汉镜。宋代铜镜的含锡量大幅度降低，含铅量增多，锌的含量也大大增加，导致质地粗糙，颜色发黄偏暗，纹饰和文字的清晰精美也大打折扣，且容易生锈，质量明显下降。到了明清时代，铜镜的铸造质量似乎略有回升，颜色黄而闪亮，但因为合金比例大变，含锌量大增，使铜镜变成了黄铜质。

铜镜铸造的方法，历来以范铸为主，这是中国青铜器的传统铸造法。用来制镜的范，有陶、石等几种，其中陶范铸造是我国青铜铸造中具有特色的手段，在战国时运用很广，其范质细洁，利于铜镜花纹清晰地表现。春秋战国时，新兴的失蜡铸造也有采用。到汉唐时期，这

种方法用的更多，在不少镜子上都能找到蜡冷缩时形成的不规则条纹。由于蜡熔点低、成型性强，可利用同一石范反复浇铸，因此，一个镜范可以铸造很多完全一样的镜子，这在传世和出土的铜镜中都屡有发现，也是收藏者值得注意的一个细节。宋代以后，仿古制镜颇为风行，一般采用省力而不易变形的翻砂法铸造铜镜，但翻铸的镜子纹饰模糊不清，线条也板滞，与真品相差甚远。

　　铜镜的铸造，在做好范型后，就要炼铜浇铸，这也是一项复杂而细致的工作，要将合金铜液炼制到适当的比例和温度，需要反复多次。汉代铜镜上常见"幽涷三商"之类的铭文，就是指对铜、锡、铅三种金属的反复冶炼。唐代的盘龙镜又称作"百炼镜"，也是因为它做工复杂，要冶炼到六七十道甚至一百道才能制成缘故。此外，铜镜铸造的时候，也有特别的讲究。在汉代铜镜的纪年铭文中，常常可以看到铜镜铸造是选在"丙午"日，这是因为丙午均属火，火能克金，因此丙午日是铸造铜镜的最佳时间。当然，铜镜是一种消费量很大的商品，不可能都在同一天铸造，所以，很多镜子在铭文上尽管标明丙午铸

造，其实只是取其吉利罢了。

　　铜镜铸成之初，并不是即刻就可以使用的，还要经过后期的打磨加工。《淮南子》记载："明镜之始下型，朦然未见形容，及其粉以玄锡，摩以白旃，须眉微毫可得察。"说明铜镜铸成后确要以特别的材料加以打磨。据研究，所谓玄锡，是水银和锡的混合物，以之打磨镜面，能起到光亮镜面的作用，其中的锡还会与铜镜表面富含的锡产生咬合，共同形成一种外膜，可以保护镜面，使其不易生锈。我们今天可以看到很多汉唐时代的铜镜，表面保存完好，"千年不锈"，就是因为汉唐镜表面含锡较高，经打磨后与玄锡产生反应形成的。打磨铜镜需要用水，水质的好坏很有讲究，唐代的贡品"水心镜"就是在扬子江中铸造，取江心之水磨成的，因此质量高于同侪。又如湖州水清冽宜磨镜，因此铸镜天下闻名，著名的工匠薛惠公，本是杭州人，就是因为湖州水好，才移居当地铸镜的。

　　在古代的铜镜中，有一种十分特殊的作品叫做特种工艺镜，它是采用一些比较尖端的工艺铸造或装饰而成的。这种镜子，往往形态完美，加工独特，装饰极为精

图 141 明清时代的工艺镜

**图 142 战国 彩绘凤鸟纹镜**
径约 19.7 厘米，1987 年荆门包山 1 号墓出土。

**图 143 战国 透雕龙凤纹镜**
径约 20.5 厘米，1976 年湖北江陵张家山出土。

美（图141），是当时也是后世都十分珍贵的精品，体现了古代铜镜工艺的最高水平，堪称是古代铜镜中的天之骄子。

这类铜镜在战国就有铸造。如湖北楚墓中出土的彩绘镜（图142），用红、金、黄三色描绘两两相背的凤凰在卷云纹中逶迤宛转，线条流畅生动，色彩华丽鲜艳，富于梦幻般的美感。当其全新之时，配合青铜原有的金属光泽，其辉煌之姿，当更加夺目。这种将漆工艺与金工相结合的做法，是战国楚地的特长，汉代时继续采用，也有作品流传于世。在战国铜镜中，还有一种透雕的作品（图143），它是由一片较薄的镜面和另一片带镂空纹饰的

青铜片嵌合而成的，有方、圆两种，都显得玲珑剔透，是当时十分珍贵的镜类。此外，青铜器上常用的金银错、绿松石镶嵌也被运用到铜镜的上面，甚至还出现了用玉石和琉璃共同镶嵌的铜镜（图144～145），极尽奢华。由于在铜镜上进行镶嵌，特别是异金属的镶嵌，要求铜镜的质地不可太硬，因此，这类镜子通常含铜量较高，但硬度较低，并非十分实用，所以制作很少，主要是在北方有极少量的铸造，尤其珍罕。

汉代最引人注目的特种工艺镜是号称"魔镜"的透光镜（图146）。存世的一些汉代日光镜、昭明镜上有这样一种奇特的现象，当光线照

**图144 战国 镶嵌玉琉璃镜**
径约12.2厘米，传洛阳金村出土，现藏美国哈佛大学艺术博物馆。

**图145 战国 错金银狩猎纹**
径17.5厘米，传河南洛阳金村出土，现藏日本永清文库。

**图146 西汉 见日之光透光镜**
径7.4厘米，现藏上海博物馆。

图147 西汉 鎏金博局纹镜
径13.8厘米，1978年湖南长沙杨家山三〇四号墓出土。

图148 东汉 描金博局纹镜
径16.4厘米，现藏日本千石唯司。

射镜面并将其反射到平面的墙壁上时，会把镜背的花纹、铭文清晰地映到墙上，仿佛光线透过镜子，把花纹映到墙上一样。这种奇怪的"透光"现象，早在隋唐时就引起人的注意，但它到底是怎样形成的，却一直是个迷。宋代的沈括曾推断这是因为铜镜铸造时有纹和无纹的地方冷却速度不同，铜的表面收缩应力不一，使镜面产生了与镜背花纹相应的、肉眼看不出的凹凸不平，在打磨时不易刮除，因而在光的放大作用下被反射到墙壁上。这个看法经过近年上海博物馆的研究证明是正确的。由于古人制作透光镜并非有意为之，而是偶然得到，因此这种镜极其罕见珍贵，属于无

价之宝。近年来在战国的墓葬中也出土了透光的铜镜，更是稀世珍宝。

除了上述几种特种工艺镜，汉代还出现了鎏金、描金镜（图147～148），色泽辉煌，很有富丽之美，为唐代金背镜的出现埋下了伏笔。

唐代是特种工艺镜（图149～152）成就最高、使用最广的一个时期。特种工艺不仅门类多，而且制作精，几乎每一件作品都是美仑美奂的杰作。唐代最流行的特种工艺是金银平脱，这是从贴金工艺发展来的更高级、更华美的装饰手段。它通常是把厚度不超过一厘米的金银箔加工成一定的纹样，粘贴到镜背，然后髹漆数道，再进行打磨，直

图149 唐 金银平脱花鸟葵花镜
径28.5厘米，现藏日本正仓院。

图150 唐 镶嵌螺钿莲花葵花纹镜
径27.4厘米，现藏日本正仓院。

至纹样与漆面平齐。用这种工艺制成的铜镜，漆彩与金银相辉映，富丽堂皇，无以复加，如日本正仓院收藏有一面唐代的金银平脱镜，保存完好，在葵花形的镜背上用金银片、丝加工成飞鸟衔花枝绕钮飞翔的图案，是典型的雀绕花枝镜。镜的边缘是花、鸟相间，钮座也呈花瓣形，均用金银装饰，花团锦簇，富丽精美，而且布局疏朗，又透露出一番清新的气息，是此类铜镜的杰出代表。这种镜，主要流行于盛唐，以花鸟纹样见多，唐诗中曾有"嫁时明镜老犹在，黄金镂画双凤背"的诗句，说的正是这种华丽的镜子。

唐代另一种精美的特种工艺镜是螺钿镜，即把螺钿开片加工成各种图案，嵌贴到镜背做装饰的镜子。螺钿本身具有不同的色泽，又能反光，加工成花纹后五色缤纷光彩夺目。嵌片上还常常施以精细的雕刻，华丽之中不乏细腻，与金银平脱有异曲同工的妙处。

此外，唐代铜镜中还有一种叫作金背镜的特殊品种，是把整块金片嵌到镜背，金片下是随镜铸出的浮雕图案，金片嵌入后利用锤打，使图案突出，再在金片上錾刻细纹的做法，有金背、银背、银背鎏金的区别，但风格均为辉煌华丽，是受到当时金银器制作影响的缘故。

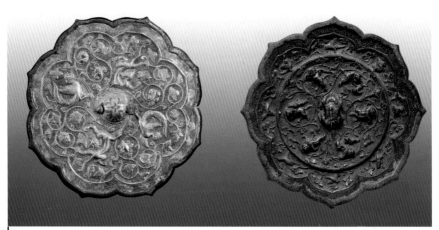

图151 唐 银背鎏金鸟兽菱花镜
径21.2厘米，现藏日本千石唯司。

图152 唐 银背鸟兽菱花镜
径约21.5厘米，1955年陕西西安出土。

# 镜之藏

## 一、铜镜的价值评估

了解了古镜发展的历史和各时期古镜的特征之后,让我们再来看看,这些古镜有什么重要的意义和价值。

铜镜是古玩的一种。古玩,又称古董或骨董。明代董其昌在其《骨董十三说》中下定义说"杂古器物不类者为类,名骨董",意即杂碎,泛指古代留下来的各种珍奇之物。

在中国,收藏和品鉴古董很早就形成了一种传统,出现了不少著名的鉴藏家。这种传统,一直可以追溯到六朝和隋唐时期。如南朝的梁元帝,就是历史上有名的大收藏家。他生性喜好读书,又生长在帝王之家,因而有兴趣也有条件收藏大量的书籍,其藏书之丰富,称甲于海内。据说,当西魏的敌军包围南朝首都建康的时候,他绝望之下一举焚毁了所有的藏书达十万余册,可见他收藏的数量之巨。古玩的收藏,到宋代时在文人中形成了风气,并开展了一定的研究,萌发了中国研究、考证古器物的专门学科——金石学。由于当时的古玩种类比较有限,主要是文房宝器、钟鼎彝器、书画墨迹、古钱古玉之类,又以各种金石器具为多,因此,那个时代留下的收藏、研究著录,十之八九是关于金石器的。铜镜,也在其中占一席之地。

明代中叶以后,收藏之风更甚,至清代又掀起了考据的风气,使收藏的热潮一浪高过一浪。同时,随着商品经济的发展,资本主义生产方式的萌芽,古玩的收藏逐渐开始与商业挂钩、一些商贾见到古玩经营有利可图,纷纷加入收藏的行列,以营利为目的,囤积居奇,转手倒卖,使一向作为文人雅好的收藏有了新的内容。由于商业行为的介入,收藏品的范围大大地扩展,或以质地分类,有青铜、陶瓷、砖瓦、漆木、丝绸、珐琅、牙骨等;或以器形分类,有扇、笔格、瓦当、端砚、景泰蓝等,达数十种之多,客观上推进了收藏的发展。因为经营古玩利益颇高,又导致明清时仿制品的大量出现。这些假古董、假文物混迹于真品之间,鱼龙混杂,难以辨明,于是,又对古董鉴定、研究提出了新的要求,推进了金石研究的发展。

古玩收藏的这种活跃状态,一直延续到民国时期。解放后,由于历史的原因,古玩店铺一度全部消失,收藏也随之由公开转为地下。改革开放后,随着经济文化的发展,人们思想观念的变化,古玩收藏的热潮又悄悄掀起。其中,既有深通鉴赏的收藏家,也有初识门径的爱好者，既有抱着"保值"心理作为财产收藏的，也有意在牟利，斥资买卖的。他们在收藏中所遇到的共同问题，就是古玩的价值评估。

一般说来，古玩的价值大致可以分两方面来看，一是它的历史艺术价值，一是它的经济价值。对于那些因爱好而收藏的人来讲，古玩的历史、艺术价值是收藏时首先值得的考虑的，而对于保值、投资者而言，经济价值也就显得更重要了，很多时候，古玩的这两种价值往往是一致的，因为一件古玩若具有较高的历史、艺术价值，收藏、研究者往往也就比较多，而其经济价值，自然也就容易上扬了。当然，也有这样的情况，有些古玩虽然历史、艺术价值很高，但少有人问津，因此市场价格比较低廉。铜镜就属于后一种类型。

在中国，铜镜的发展至少已有4000年的历史，其时间之长，延续之久都是十分罕见的。而且，在漫长的历史时期里，它伴随人们的日常生活，不可或缺，其花纹、铭文、形制都体现了各个不同的时代的风尚、社会文化、中外交流等各种情况。因此，从这个角度看，铜镜的历史价值确实是不可小觑的。再加上铜镜本身是一种工艺品，具有一定的装饰性，其形制、花纹、铭文等均经过精心设计，力求优美，所以，其艺术价值，也是很不一般的。这两点，可以从历代人们对铜镜的大量著录、研究中看出来。早在宋代，金石学著录中就收了不少铜镜，一些笔记著作中也对铜镜制作进行了一定的探讨，为今天的铜镜研究提供了条件。清代金石学的研究兴盛一时，出现了《金石索》、《西清古鉴》等有名的著作，在铜镜的研究方面做出了可贵的探索。民国以来，除了国内一些著名的收藏家如梁上椿为铜镜专门著书立说外，一些海外学者也加入了对铜镜研藏之中，如日本的梅原末治、滨田耕作、原田淑人等都是对铜镜深有研究的大家，其著作也是收藏者的必读之书。

然而，长期以来，由于铜镜只是一种日常生活用品，形体又不大，与那些庙堂重器、纪功石碑相比，没有那样的显要，因此一直被归属于青铜杂器之中。作为一个小类，导致了铜镜的经济价值也一直处于较低的水平。这对收藏者，可以说是喜忧参半。喜的是价值低对于收藏来说是适得其所，正好逢低吸纳；忧的是价低难以成市，引不起经商者的兴趣，使真正的佳品往往难以觅到。

这种喜忧参半的情况，正是铜镜收藏的现状，而细细考察，其中又有多种不同的情况。

通常来说，春秋战国以前的铜镜虽然较为少见，但因为制作粗陋，纹饰简质，且因时代久远大多锈蚀严重，缺乏很好的欣赏价值，所以在私人收藏家那里，往往找不到什么市场，其价格也始终非常之低。然而这只是问题的一个方面。这个时期的铜镜虽然没有什么值得欣赏之处，但对于研究中国铜镜的起源和早期发展，却是必不可少的重要资料，是博物馆、研究所十分看重的。因此，收藏此类铜镜，也未必是没有意义的。

因为时代比较晚近，明清时代的铜镜是很常见的。但由于这些镜子一般制作糟糕又鲜有纹饰或铭文，质地不佳，艺术价值低，因此对收藏者并没有很大的吸引力，价值也难以抬升。通常每枚价格只在数十元之内，质地好、形体大、铭文或纹饰清晰的，也不过百元左右。

五代宋元是我国铜镜业由盛转衰的转变时期，铜镜的价格变化较大。一般以纹饰精美，有铭文、字号者为贵，有些价格可达数百元，形体稍大可更贵一些。素镜是这一时期为数很多的品种，价格在百元左

右，质地较差的三四十元就能买到。这一时期的铜镜中，可以明确认定是五代、辽、金的铜镜非常稀少，所以价值也就相对要高一些了。

战国、汉唐时期是我国历史上铜镜生产高峰期，所制铜镜以形制多样，纹饰瑰丽，质量精湛蜚声于世界，其价值也最为高昂。其中，隋唐镜因为最为精美绚丽，价格也最高。由于隋唐镜大小皆精，小到直径数厘米，大到直径二三十厘米的铜镜都是形式丰富，纹样华美，布局合理，工艺高超。所以往往出现以直径一寸为基本计算单位，每寸一二百元甚至更高，直径小于十厘米的再适当提价。因此，一面普遍的隋唐镜价值通常在数百元至一千元左右，高的更可达数千元。尤其是盛唐的铜镜，价格更高于唐初和唐末，而菱花形、葵花形的又高于一般的圆形镜。

判断一面铜镜的价值，除了参照它的制作年代，铜镜的品种、产地、保存情况也都是重要的参考依据。

从品种看，特种工艺镜因制作复杂，用材考究，花纹华彩夺目，向来属于精品中的精品，价值也一直居高不下，甚至一些后世的仿制品也价值不菲，如现代仿制的汉昭明透光镜，价格可值几百元一面，其

图153

真品更是难以估价。另外，一些各时代最具代表性或稀见的镜型，也是价格较高的品种。如战国的山字镜非常流行，但大量可见的是四山镜，三山镜、五山镜尤其六山镜均罕见而珍贵（图153～155），而汉代的规矩镜、神兽镜（图156）、画像镜、重圈铭文镜、唐代的瑞兽葡萄镜（图157）、神仙人物故事镜等也都是收藏家心中的宠儿。

从铜镜的产地来看，各个时代

图154　　　　　　　　　图155

图 156　　　　　　　　　　　　　　图 157

图 158

铜镜铸造中心所制造的铜镜比其他地区的铜镜工艺更精湛，因而价值也相对较高，如汉代的丹阳铭镜（图158）、尚方镜；三国的会稽镜、鄂城镜；唐代的扬州镜；宋代的湖州镜等都属此列。

　　一面铜镜，无论它制作时多么精美和高质量，经过长期的使用与流传，或是久远的地下埋藏，难免会受到一定的损伤，甚而失去了原有的光彩。因此判断铜镜的价值，不可不考虑保存状况这一因素。那些器形完整，无修补残缺之处，镜面光滑而少锈迹，花纹细致而具时代特色，铭文清晰而完整的，其价值就越高，反之，则多有逊色，难求善价。

## 二、铜镜的收藏与保养

　　古代铜镜是中国漫长的工艺美术发展史上一个独特的品类。它附属于古代的青铜工艺，历史悠久，制作精美，承载了大量的社会、文化信息，是历代古玩爱好者所特别钟爱的收藏品之一。而如何对它进行妥善的收存和保养，也是许多收藏者们常常遇到的问题。

　　我国古代的镜子，绝大部分为青铜质地，属于青铜器的范畴，其保养和维护也有着独特的地方。

　　青铜是一种铜、锡、铅的合金。其中还有微量的其他金属。在它铸成之初，呈现漂亮的金黄色泽，故古人称之为吉金。一般而言，青铜器有较强的耐腐蚀性，即使置于室外，腐蚀的速度也很慢。但问题是耐腐蚀并不等于不腐蚀，沧海桑田尚且变幻无穷，何况一件青铜器？

　　无论是埋藏在墓葬中还是流传至今的青铜器，都或多或少地受到过腐蚀，以至于今天人们看到的器物大多呈现出古旧深沉的青灰色样貌，青铜器的名字也是由此得来的。

　　青铜器的腐蚀有多种多样的情况，铜的基本腐蚀物有氧化亚铜、碱式碳酸铜、碱式氯化铜。这些腐蚀物，就是铜锈。它们有些是无害锈，只不过是在青铜器的表面形成一层色彩各异薄而致密的氧化物和金属矿化物，俗称皮壳（图159～166）。由于腐蚀的情况不同，皮壳的颜色也不同，有的黑如墨、亮如漆，称作"黑漆古"；有的碧绿如玉，叫做"绿漆古"，还有枣皮红、栗子壳等名目。它们一般都具有较为致密的金属光膜，锈斑皮色有层次感，并具有一定的光泽和亮度，有类似珐琅质的光洁外皮，紧贴器物表面，而又不影响器表的图案、铭文的清晰程度，既能够防止器物的进一步受损，又有古旧沧桑的感觉，反而更衬托出文物的精美特质。因此，这

种锈不但无害，而且有益，不但不能去除，而且应当加以保护。

但是也有一些铜锈是对青铜器有损害的，它不仅破坏器物表面的美观，更能够不断扩散，损坏器物的内层，使器物变得破烂受损难以保存，这就是科研人员常说的"粉状锈"，它导致的青铜器损害，也叫"青铜病"。因此，对粉状锈的预防和清除，是青铜器保存中的一个关键。

粉状锈是一种结构疏松，外观如粉末状的腐蚀物，它的化学构成是碱式氯化铜，这种锈在相对湿度比较高的环境当中非常活跃，容易大量的繁殖产生，不断扩散，导致

图159　　　　　　　　　　图160

试验证明，粉状锈处于湿度35%左右的环境中活性最差。因此，保存青铜器的湿度环境最好是在35%。一般的私人收藏者，可以将青铜器置于高处，并自备一个湿度计，随时检验，若湿度过高，可适当地放一些干燥剂来去湿。当然，要维持35%左右的湿度，对于一个私家的收藏者来说难度是很大的，所以，也可以将标准降低至42%~46%之间，同样能够起到较好的作用。同时，上面说的方法是针对所有青铜器的，而对于铜镜来说，处理又可稍有不同。因为铜镜的面积相对较小，所以，为了保持它的干燥，可

图 161

青铜器的腐蚀情况越来越严重。所以，保存青铜器很重要的一点就是要保持一个比较干燥的环境。科学

图 162

图 163

以将它盛放在盒子中保存。

科学的试验还证明，粉状锈的产生与周围的微生物环境也有一定的关系，细菌较多的地方容易生成粉状锈。这也是为什么埋藏在地下的铜器往往腐蚀特别严重的原因。因为地下土壤中常常具有较多的酸性或碱性有害物质，并且也是微生物特别活跃的地方，所以，出土的青铜器也就往往是锈迹斑斑了。因此，我们在收藏铜镜的时候还要注意的另一个重要方面，就是一定要保持清洁的环境。当然，也要避免高温烧烤或低温冷冻之类的行为。

铜镜保存中还有一个比较特殊的地方，就是在取放铜镜时一定要注意轻举轻放，因为铜镜的合金成份中锡的成份较高，硬度较大，比较脆，容易断、碎，经历了千万岁月之后，多多少少受到过腐蚀，严重的已经锈成了脱胎器，只剩一层薄薄的铜壳，或锈成蜂窝状，表面坑坑洼洼，极其脆弱，所以，必须小心从事。并且，在存放的盒子里上下也要衬以布或纸，以防止它与硬物的接触碰撞。

虽然可以通过预防的方法减少有害锈对铜镜的侵蚀，但是仍不能做到百分之百的保险，一不小心，粉状锈就会趁虚而入，腐蚀铜镜。

由于粉状锈具有较强的扩散力，并且可以深入侵蚀铜镜的肌理，因此，日常的收藏中一定要注意查看，并要采取适当的措施来去锈维护，尤其对入藏的铜镜，如果曾有过埋藏经历的，特别要注意整理后才收存，以免有害锈"传染"其他的藏品。

铜锈的清除是一件非常细致的工作，方法也有不少，下面介绍几种，供大家参考。

一是剔锈法，这是比较老的一种去锈法。清代不少古董商人好用此法，具体方法有刀剔、刷剔、剪剔的不同。用这种方法去锈，比较简单，也较干净，但弊端在于对铜镜的外表会造成损伤，留下刀剪刷子的痕迹，破坏铜镜的花纹和铭文，尤其是铭文中的锈，一经剔除，笔画也随之变得模糊漫漶，又像是经过伪刻，很不足取。所以这种去锈法现在已基本被淘汰，只在一些非关紧要的细小部位，可以用剪刀的钝头在锈中缓缓转动，去除一些小面积的锈。

二是醋浸法，这是清代一个叫张廷济的收藏家首先应用的去锈法。相传他当年收藏了著名的青铜器史颂敦，器上的文字为铜锈所掩，不能看清。当时一个寄居在他家的客卿钱寄昆知道后，用醋将器物浸泡了两天，然后再用剪刀剔锈，锈迹应剪而下犹如泥沙，字迹毫不受损。于是这一方法也就传扬开了。用这种方法去锈，其实是利用了化学的原理分解铜锈，是比较科学的，对于私人收藏家而言也比较容易做到，因此常用。一般的做法是将铜镜放在醋中浸泡一昼夜，浸泡时要轻轻用软毛刷轻刷铜镜的外表，帮助醋液增加其扩散。第二天将铜镜取出，仍用软毛刷轻刷，铜锈自然脱落。但此法缺点在于长时间醋浸容易使器物变成紫红色，失去原有的皮壳外表，因此现在除非是不具备其他条件，一般也不太使用。

三是敷贴法。用淘米水将铜镜浸泡几天后取出，再用又大又红的山楂去皮核捣烂成泥敷在锈处，摊平按实，待干到九成时揭去，趁着表面微潮，用竹刀轻刮，也能去除铜锈。这种方法可以只在生锈的局部进行去锈，不伤及其他地方，也是比较简便易行的一个办法，但有时候山楂酸性不足，对一些顽固的锈仍然束手无策，所以还不是最佳的方法。

## 三、铜镜的鉴定漫谈

鉴定通常指对于文物真伪的判断，以及对它所属的年代、地域、文化等等情况的确定。一件文物，是真的还是假的，有多少是真，多少是假，是什么时候的作品，属于哪一个类别，产于何处，是关系到是否收藏，以多大代价收藏，如何收藏的大问题。因此，对于收藏家而言，鉴定可算是收藏中最重要、最关键的一件事，必须认真对待。

文物的鉴定，传统上主要是依靠经验来进行。无论鉴定哪一种文物，都必须熟知各方面的情况和特点，从大处着眼，小处入手，综合各方面的因素，才能作出准确的判断。

从大处着眼，是要了解一件文物的总体特征。一件伪造品，也许会在细节上仿造得惟妙惟肖，但由于距离真品的时代遥远，总是很难把那种特有的时代气息表现出来，充其量是各种真品因素的大杂烩，而达不到整体的自然和谐。因此，善于从总体上把握一种文物的特征是很重要的。要做到这一点，必须对所鉴定的对象相当熟悉和了解，对其发展的历史状况和每个历史时期的特征都了如指掌。具体到铜镜

圆形 齐家文化至
明清流行

菱花形 八出菱花
唐宋辽金流行
六出菱花 宋流行

菱花形 八出葵花
唐宋辽金流行
六出葵花 宋流行

长方形 宋代流行

有柄形 宋至清流行

直角方形 战国、隋至清流行
委角方形 唐宋流行
切角方形 宋金时流行 八角方形 宋代流行

钟形 宋代流行

盾形 宋代流行

炉形 宋代流行

图168　历代铜镜形举例

的收藏上，就是要对镜子的产生、发展、衰落，及各个不同时代的最主要风格有一个明晰的认识，这也是本书的一开头就用如此多的篇幅来介绍铜镜发展史的初衷。

从小处入手，是指要对文物的各种组成要素心知肚明，不放过一个细小的问题。中国铜镜的历史特别悠久，种类又极其丰富，一个品种往往有几个不同的类型，因而鉴定的难度也就特别大，要求对每一个哪怕是极小的细节也了解得很清晰，然后再综合各个细节加以考虑，这样，才不会看走眼，让赝品

蒙混过关。一般来说，铜镜的鉴定要注意这么几个要素：镜形、镜钮、钮座、镜缘、花纹、铭文和铜镜的色泽。

首先是镜子的外形，这是一面镜最显眼的一个特征。中国的铜镜绝大多数为圆形，尤其是春秋战国以前的铜镜，几乎无一例外。春秋战国时，出现了极少数的方镜，也是一种端正的几何形。秦汉时代，镜形却几乎没有任何的变化，仍然是圆形的一统天下。唐代时，铜镜的造型受到同时期其他艺术品的影响，突破了规规矩矩的圆、方传统，

出现了优美的菱花形、葵花形、方菱形、方形委角形、亚字形等，形成了百花齐放的局面。宋代铜镜的造型十分多变，又出现了长方形、鸡心形、盾形、钟形、鼎形、六出棱边形和带柄形等新镜形。元、明、清时代，铜镜的造型没有进一步的创新，又回复到圆形为主的状态，只有带柄形、菱花形还偶有出现（图168）。

其次是镜钮，这是设在镜背中央，用以系带悬挂或手持的部位。

它虽然是一个很小的实用装置，但在漫长的发展历程中，仍然具有许多丰富的变化。中国铜镜上的钮，使用最多，流行时间最长的是圆形钮，又称半球形钮，在汉代至隋唐五代的时候最为盛行。此外商周时代的弓形钮、橄榄形钮；战国时代的拱桥形的弦纹钮；西汉时的连峰钮、伏兽钮；明代的银锭形钮；明清时的圆柱形钮等虽不是长期流行的钮式，但却是各个时期独具特

| 弦纹拱形钮 | 连峰钮 | 圆钮（半球钮） | 大扁圆钮 | 龟钮 |
|---|---|---|---|---|
| 春秋战国至西汉早期 | 西汉早期 | 西汉至明清西汉至五代最盛 | 东汉中期至两晋东汉晚三国最盛 | 唐多宋少 |

| 伏兽钮 | 平顶小圆钮 | 细条拱形钮 | 圆柱形钮 | 银锭形钮 |
|---|---|---|---|---|
| 唐代流行 | 宋金及其后流行 | 宋辽金元流行 | 明清时期 | 明代流行 |

图169 历代镜钮样式举例

圆钮座 战国至宋元流行　　方钮座 战国汉时流行　　连弧钮座 战国至汉流行

四叶钮座 汉唐时流行　　十二连珠钮座 汉代流行　　连珠钮座 汉唐宋流行　　花瓣钮座 唐宋时流行

图170 历代钮座样式举例

色，易于判别的镜钮形式（图169）。

钮座（图170）是镜钮周围的一圈装饰，有时也可以用来作为花纹的分隔带。春秋战国时，首先出现了钮座，主要以方或圆形为多。到汉代钮座的形式丰富多样，出现了各种各样的花色钮座，成为镜背装饰的一个部分，十分美观，一直影响到魏晋南北朝和隋唐时期的钮座形式。盛唐时，钮座如同铭文铭圈带一样，也消失不见，大多数镜子没有钮座，钮也较小，把空间尽量扩大给花纹来做装饰。只有真子飞霜镜以龟为钮，以连叶为座，是一个十分特别的例外（图171）。宋代以后除新出现花瓣形钮座外，镜钮

图171 唐 真子飞霜镜

座的变化并不很多，其中有柄镜和素镜，还重新出现了无钮座的现象。

镜缘也是铜镜鉴定中值得注意的一个细节，它是镜背上最靠边的部分；在各个不同的时代也具有不同的特征。如早期的铜镜大多为窄平的素缘，春秋战国多素高或低卷缘，西汉中期以后到隋、唐初流行宽平的素缘，并出现了精美的几何纹饰，唐高宗之后出现了微凸窄缘，宋代之后流行平窄缘等，均是判断铜镜年代重要参考。

花纹是铜镜上最引人注目的部分，也是变化最多，最为繁难复杂的部分。一般铜镜的研究者往往据此将铜镜分为若干类型，而每个花纹类型中又有好几个不同的品种，难以细

数。但只有清楚地了解这些细小的分别，才能在鉴定时做到心底有数。

镜铭也是铜镜上的一个重要部分，曾一度作为镜背纹饰的一个部分，具有一定的装饰性。中国铜镜上的铭文出现于战国晚期，汉代是其发展的重要时期，内容丰富，反映了当时的社会思想。字体优美，富于装饰的趣味，纪年、纪氏的出现为铜镜的断代、明确产地提供了可靠的依据。隋唐初年铜镜依然流行镜铭的装饰，形式继承了汉以来的传统，但内容变化，以赞美镜子质量、歌颂爱情居多，文字优美，词句雅驯，带有诗意，字体也发生了一定的变化，具有独特的时代气息。盛唐以后，镜铭装饰的风气不再流行，大多数镜子上不再有铭文。宋代以后，镜子的铭文在内容上出现了重要的变化，以铸造草率的商标字号铭为主，铭文的装饰性荡然无存，已经没有任何艺术性可言。吉祥用语是明清时代铜镜铭文的新类型，但整个发展仍处于继续衰微的阶段，没有什么新意。铜镜铭文的这些特点，都是在铜镜鉴定时需要考虑的因素。

铜镜的铸造在各个不同的时代具有不同的特点，致使每个特定时期的铜镜在色泽、锈蚀程度、锈迹

形状、颜色上都不相同，这些区别对于铜镜的鉴定十分重要，也是必须掌握的要素之一。

## 四、铜镜的作伪与辨别

在铜镜的鉴定中，真伪的辨别是一个最基本的方面。要辨别一件铜镜的真假，除了要明确真品的种种特征外，还要对假镜的特点有一个清晰的认识，才能做到知已知彼，百战不殆。

青铜器的仿制，很早就已出现，尤其是青铜礼器的仿造，更是相当兴盛。《韩非子·说林下》中记载，齐国向鲁国索要一件叫谗鼎的铜器，鲁国国君以赝品充数，被齐国的使者一眼识破。可知早在春秋战国时代，就已经出现青铜器的造假和辨伪了。但是对于铜镜来说，仿制的情况却出现得比较晚。这是因为铜镜是一种日常生活用品。古人使用时，往往是手持或悬挂，因此镜子的体积不可能做得非常大。然而，就是在这10~30厘米左右的镜背上，又要饰纹，又要铸铭，极其繁难，对制作技术的要求也特别高，所以大多数古玩商人不愿意做伪镜，因为成本太高，不合算。大致是在唐代，有人喜欢汉镜精致的

做工，专门请人仿造，出现了最早的仿制镜。到了宋代，随着收藏金石古玩的风气兴起，很多收藏家喜爱古镜别致的造型、精美的花纹和内容丰富多彩的铭文，请人仿铸，才出现了比较多的仿制铜镜。同时，一些古董商见到有利可图，也就做起了大量仿制铜镜的事情，以图谋利。此后历代，铜镜的伪造越来越多，对真伪的鉴别也就越来越重要了（图172~174）。

历代仿制的铜镜，类型并不相同，即使相同，仿造的侧重也各有不同。所以，鉴别仿镜，首先要了解历代都有一些什么类型的镜子被伪造。

唐代的仿制镜发现很少，主要是一些仿汉镜。如在陕西曾发现唐代的仿汉式四夔纹镜、四神规矩镜，前者仿造汉镜的纹饰风格而采用唐代的镜形，后者将汉镜中的多种花纹、铭文结合在一面镜子上，都比较容易识别。此外，还发现有采用典型的唐代造型、花纹、铭文而使用汉代年号的仿镜和在形制、纹饰、工艺上都仿造汉镜但作风完全是唐代的银壳画像镜。总之，唐代仿镜的主要目的在于仰慕汉镜的精美，并不力求相同，所以鉴别起来也十分容易。

宋代仿制的铜镜以汉镜和唐镜

图 172 真伪对照 1

为主，仿汉镜的类型有日光铭镜、昭明铭镜、清白铭镜、规矩纹镜、龙虎纹镜、画像镜等。仿唐镜则有瑞兽镜、瑞花镜、花鸟纹镜、八卦镜、在形制、花纹、铭文各方面都力求相似，但技术粗糙，质量远不如真品，总体气息不相符合，细心检看，必然发现破绽。

元代铜镜的铸造不多，仿制铜镜也相对较少，仿镜的主要品种有汉代"家常宝贵"镜、唐代花草镜和宋代的人物故事镜，但仿镜大而厚重，镜缘比较宽厚，质地粗糙，与真正的汉镜、唐镜、宋镜截然不同。

明清到民国时期，随着古玩业的发展，铜镜的仿制相当兴盛，历朝历代，各种类型的铜镜都有仿造。如仿战国的山字纹镜、蟠螭镜；仿汉代的日光镜、昭明镜、规矩镜、盘龙纹镜、四乳禽鸟纹镜、双凤纹镜、"位至三公"镜、画像镜；仿唐的瑞兽葡萄纹镜和花鸟纹镜；仿宋的湖州镜、人物故事镜；仿金的双鱼镜等，制作多力求精美。尤其是皇家盛行使用仿古铜镜，铸造更是不惜工本，在历代仿制镜中质量很突出，往往还要配上镜盒、镜架和镜套，别致新颖。但仿镜的花纹与真品相比，丰富程度不及，并且镜缘直而齐，棱角分明，也与古镜区

别明显，只要认真细看，还是有蛛丝马迹可寻。

要鉴别一件铜镜是否伪造，除了要对真品的各种特点有所了解外，对于仿镜的各种伪造手段也应有一个认识。这样，才能心中有数，有的放矢地去寻找破绽，才能使伪品原形毕露，使真品验明正身。

铜镜的伪造，方法不外乎两种，一是直接用真品翻模，这样做出的镜子镜形相同，大小也差不多，但纹饰、铭文模糊不清，线条不如原件流畅，显得呆板。另一种做法则是借助摹本仿造型制模，这样的作品往往似是而非，铜镜的大小、形式与真品有细小的差异，花纹、铭文也不能做到一模一样，常常是大同小异，显得粗陋。此外，铜镜的伪造中还有一些改造性做法，也值得我们注意。

## 1. 改大小

利用原先残破的真镜，去除残损的部分，改造成完整的小镜子。这种镜子在花纹、铭文上十分逼真，带有一定的迷惑性。但因经过改造，器物的整体比例不和谐，且边缘处总是留有锯过的痕迹或是崩口，不像真的镜子那样边缘圆润，且厚薄也不一样。所以。当我们看到一面小型铜镜时，一定要仔细查看。也有

图 173 真伪对照 2

一些镜子因钮部缺失或残缺，作伪者在原先残钮上加铸或是拧一个新钮，这样，钮与周围的锈和地子就和别处不同，用刀轻剔还可见到焊接的痕迹，所以也可以识破。

2. 改造镜形

历代的仿镜，虽然力求逼真，但又往往主观臆造，在一些细小处动手脚，露出了马脚。如宋代的仿镜在各个部位上常常和汉唐时的铜镜有别，喜欢将唐镜的八出菱葵弧形改成六出的菱葵弧形，将汉唐镜的大钮改成小钮，钮顶渐平，镜缘则外薄里厚，有坡度，没有真镜那样规整和圆浑的外观。金元时期的仿镜，在造型上往往大而厚重，尤其元镜，镜钮上的平顶面比宋金时要更大，而且越来越平。明清仿镜常在平顶的钮上铸铭文，或是直接将钮改造成当时流行的银锭钮，镜缘也做得宽厚而齐直，棱角分明等，都是鉴定时值得注意到的方面。

宋代以后出现了有柄镜，有些镜柄日久断裂，作伪者就顺其自然，把柄部锯掉，改成无柄的镜型。由于锯过的镜柄和原先的边缘连接处与一般的镜缘有明显的差别，即使锯得再规整，被锯的地方地子、锈色等都和没锯的地方不一样，可以识别出来。同时，一般有柄镜都

没有镜钮，而且体积又比较大。所以，锯掉镜柄后，就显得很不协调，所以，遇到大而无钮的铜镜，应慎重考虑，仔细看镜缘，寻找破绽。

3. 改造铭文

古镜中带有铭文的为数不少，有些历久而模糊漫漶，古玩商们为提高铜镜的价值，往往去旧款，用银、锡堆出新字或刻出新字。但堆出的文字底子高于他处，字周围容易露出锡质；刻出的文字则底子低于他处，也显得牵强。同时经过改造的铭款往往前后文衔接不上，也是破绽之一。

4. 改造花纹

历代流传下来的铜镜，因为岁月迁移，常常布满了铜锈，有些甚至掩盖了原先精美的花纹，作伪者有时就在镜背上彩绘花纹甚或镶嵌金银丝片的纹饰，以求高价。然而，画彩的部分彩色浮在锈表，与着实附在镜背，为铜锈所掩的真彩判然有别；而后嵌的金银丝，一般是用大漆嵌的，时间一久，便很不严实。

此外，历代仿造的铜镜，由于合金比例并不完全相同，因此，在色泽、质地上总是不能做到一模一样，所以这也是铜镜辨伪中极为重要的一个方面。汉代的铜镜大多为银灰色，有些经过特殊的加工，表面好像

图 174 真伪对照 3

涂过一层黑漆，俗称"黑漆古"，黑而发亮；唐镜则以银白色居多。宋代的铜镜中因含有部分的锌，颜色呈现出黄红色，质地松软，表现粗糙而不甚光洁，与汉唐铜镜坚脆光亮的特性很不一样。元代的铜镜中锌的比例更高，颜色偏黄，已属黄铜质地，质地亦不细腻，容易识别。明清时仿镜的质地较宋元时代细致，但含锡量大大降低而含锌量大增，因此铜镜的颜色变为黄中闪白或黄中闪黄，具有鲜明的时代特征。

总之，铜镜的辨伪是一件非常细致的事情，仿造的铜镜可以从造型、质地、花纹、颜色等各个方面来进行鉴别，要做到不怕麻烦，眼尖心细，才能够去伪存真，收藏到真正的古镜。

## 五、历代古镜的鉴定

在前面几节中，我们已经讲了铜镜鉴定的主要方法和需要注意的几个方面，但是头绪繁多，难以一下子记住。所以，我们还要将历代铜镜的主要特征进行一下归纳，便于大家在收藏和鉴定时参考。

### 1．齐家文化铜镜

此期铜镜都是圆形平板的式样，背面有拱形钮。类型简单，仅素镜和多角星镜两种。由于这一时期尚处于青铜铸造的初级阶段，因而质地差，合金比例不科学，含铜高，含锡低，锈蚀非常严重。

### 2．商周铜镜

商周时期是铜镜的初步发展阶段，铜镜铸造不发达，远不如同期制作的青铜礼器。此时的铜镜造型仍都为圆形，镜体薄，镜形小，镜面近平或微凸，钮式仍以拱形为主，还有环形和长方形的钮，但都没有钮座。铜镜的边缘前期平直，西周后期出现了凸起的镜缘，有的还微微上卷。镜背的图案依然不丰富，素镜占据了大多数，即使有装饰也是一些线、圈为主的几何纹，直到西周中期以后才出现了青铜礼器上常见的重环纹和独特的鸟兽纹。这些花纹镜都是以简易凸起的单线勾勒而成，显得十分质朴。

### 3．春秋战国时期的铜镜

这个时期是中国铜镜的普及阶段，铜镜铸造不但数量大，而且种类也多，纹饰丰富多彩，达十几种之多。从春秋中晚期到战国早期，素镜还是最常见的品种。战国中晚期，繁丽细腻的纯地纹镜、山字纹镜、花叶纹镜、禽兽纹镜、蟠螭纹镜、连弧纹镜等盛行，主文和地纹互相结合，和谐自然，整齐精细，是这一时期最大的特征，与其他时期迥然不同。

从外形上看，除了圆形仍然占据了绝大部分外，也出现了少量的方形镜。镜面平直，边缘平或上卷，大多是立墙式的素卷边，形体也加大加厚。镜钮的式样多见的是三弦钮，钮形较小。此外还有桥形和半环形的钮以及特殊的镂空钮。钮座在铜镜上出现也始于这一时期，除了素镜和饕餮纹镜外，其他铜镜皆有钮座，式样则有方、圆、单线圈和八连弧纹不同。

从质地上看，此期的铜镜含锡量仍不高，胎质显红而软，可弯曲而不折断。但轻薄灵巧，制作技艺极其高超，纹饰精细如发，甚至有错金银、彩绘、透雕、镶嵌等特殊工艺流行，新颖华丽，令人叫绝。

### 4. 汉代的铜镜

汉代铜镜直径比战国时加大，重量、厚度也随之增加，显得比较重大饱满。由于合金配比科学，铜、锡、铅比例合宜，汉镜通常呈银灰色，质地脆硬。同时圆钮取代了战国流行的弦纹钮，呈半球状，且越来越高大，成为鲜明的特色。钮座和镜缘也具有与以往不同的特色，出现了柿蒂钮、连珠纹式样的钮座

和素宽的平缘及装饰有锯齿纹、流云纹、辐线纹和内向连弧纹的镜缘。既丰富了镜背的装饰，又是有别于其他时代铜镜的显著标志，值得我们加以注意。

汉代铜镜的装饰，题材、内容更趋丰富，且每个不同的时期风格又有不同。西汉前期除沿用战国镜纹饰外，还出现了草叶纹、方格四虺纹等，地纹逐渐粗略，铭文则渐渐出现在铜镜之上。到西汉中期，主、地纹结合的做法消失，带有新意的草叶纹、星云纹、规矩纹、四乳四虺纹和四乳禽兽纹流行起来，祈求富贵安乐和表达亲朋间相思勿忘之情的铭文增多，尤以"日光"、"昭明"两种特别流行。字体大而笔画宽粗，多为一圈，常有通假字、减笔字、错字或漏字出现，并且"日光"镜铭字间常有"◖"、"⊕"、"◇"符号相间隔，形成汉代镜铭独特的防伪标志，使人一望而知。

西汉晚期，铜镜的纹饰由静趋动，发展为禽鸟、瑞兽、四神题材。镜铭占据了更主要的位置，有"纪氏"、"铜华"、"日有熹"、"善铜"、"尚方"等内容，以"尚方"铭最为多见。字体均比前一时期变小，笔画也变得窄细。

东汉时期铜镜的铸造继续发

展，规矩纹镜、多乳禽兽纹镜持续流行。这两种式样也是汉镜中突出的独特品类，尤其是乳丁纹的装饰，年代越晚，乳丁越多，是鉴定时常重要的参照。

此外，东汉时南方地区新出现了反映神仙人物故事的画像镜和神兽镜，技法高超，纹饰华丽，很有代表性。画像镜的显著特点是一般比其他镜形要大，神、兽的形象比较大，体态丰满，多属高浮雕，圆形钮座外常有连珠纹或方格，镜缘坡度也大于西汉时期。

东汉时铜镜的铭文字数逐渐减少，有布置于外圈的圈铭，置于钮上下的直行铭和钮座上下左右各一的"十"字型铭三种形式。到晚期，铜镜上出现半圆和方形的枚，上面有的铸有铭文，有的没有铭文。

### 5. 三国两晋南北朝的铜镜

三国两晋南北朝时期，铜镜的铸造因时势的动荡而出现衰退的趋势，基本沿袭了汉镜的式样，种类不多，纹饰也少。主要有神兽镜、变形四叶纹镜、夔凤纹镜和瑞兽镜几种。神兽镜是这一时期最流行的镜类，神兽的数目比汉代增多，神人体躯清瘦修长，神兽的形态则比较小。此外，还出现了以佛代神的佛兽镜，佛像的头、背后都带有头光和背光。

这一时期的铜镜，虽然在大体上与汉镜非常相似，但一些细节部分，却与汉镜不同，在鉴定时要加以注意。如三国时的内向连弧纹，弧度比较平缓，而不如汉代的连弧深而大。三国时的连弧纹在弧与弧之间的连接处相叠压得较多，距边缘的距离也大，同时每个弧上都有较复杂的虎、凤、禽、兽等纹饰，与汉代明显不同。

此外，这一时期的铜镜重量减轻，镜径减少，镜外缘的厚度则比汉镜增加，形成了斜坡形镜缘。同时，镜钮并不随着镜形变小，而是依然很大，钮顶平缓，呈现出扁、平、大的特点，是区别于其他时代的显著标志。

三国时铜镜的铭文常有纪年，铭文多置于外圈，同时伴有方形和半圆的枚，方枚上大多带铭文，多至四字，少则一字，字体极小，笔画也十分纤细。

### 6. 隋唐铜镜

这个时期是我国铜镜发展史上的黄金时代，铜镜的铸造量大，种类多，纹饰美，造型好，居于历代之首。

此期制造的铜镜，镜体厚实结密，色泽银白，造型丰富多样，出现了优美的花型镜和亚字型镜。花型镜多以八出花瓣为主，边缘圆润规整，弧度浑圆协调，给人以饱满的感觉。镜缘装饰以光素居多，但隋唐初也有锯齿纹、卷草纹、忍冬纹和圆点纹；唐中晚期还有水波纹和月牙纹。花型镜的花瓣中也有蜂、蝶、花枝和流云，极尽生动活泼之姿。同时，镜背的分区采用高凸的弦纹，外区高于内区，立体感特强。镜钮仍然以半球形的圆钮为主，并有兽钮、龟钮出现。钮座有连珠纹、柿蒂纹和花瓣纹等式样，还有如真子飞霜镜中所见的特殊式样，以主纹的一部分为钮座，十分罕见。

隋唐铜镜的种类极为丰富，除早期还流行过一些汉式的镜类外，盛唐时流行的瑞兽葡萄镜、对鸟镜、雀绕花枝镜、各种神话人物故事和特种工艺镜如平脱镜、螺钿镜、贴金嵌银镜等都是华丽璀璨、绚烂无比。这些铜镜的纹饰，缤纷绚丽，多对称或同向配置，自由活泼，疏朗有序，具有写实特点。其中瑞兽葡萄镜具有从汉式灵瑞动物镜向唐式花鸟镜转化过度的特点。瑞兽形态丰腴活泼，攀枝相望，十分生动；葡萄蔓枝穿绕回环，柔曼多姿，整个纹饰虽然繁密，但精细

利落，毫无纷乱之弊，也是区别于其他时代伪镜的一个重要特点。

唐代晚期铜镜铸造逐渐衰退，花纹以简单的植物纹，八卦纹为主，线条细浅，单调乏味，远逊于盛唐时期。造型也变得轻薄，边缘多素而无纹，质地白中闪黄红，也与前一时期不同。

唐代的镜铭不如汉代发达，仅早期铜镜仍多圈带铭，字体多为隶书，点画无缺，四字一句，犹如诗歌。至盛唐以后，圈带铭文消失，将更多的空间让给花纹装饰，将铭文作为装饰的风气至此消失。

### 7. 宋、金时期的铜镜

这一时期的铜镜总体上已进入了衰退阶段，在制作上显露出草率和粗劣的痕迹。

从色泽质地上看，宋金镜的含锡量下降，含铅、锌却增加，颜色黄中偏红，不如唐镜的闪亮美丽，而镜体也更轻薄。

宋代铜镜在造型上承袭了唐代风格，但花型镜多为六出弧形，且菱花、葵花弧形中部略平凹，失去了唐代那种浑圆、丰润的美感。带柄镜、鸡心镜和鼎炉镜是这一时期出现的新镜型，具有时代特点。但宋镜与金镜略有不同，宋代带柄镜镜缘凸边与镜柄凸边连成一气，而

金代的带柄镜则是镜缘凸边压住镜柄的凸边。

镜钮的样式也发生了变化，钮形变小，钮顶渐平，中孔较大，钮座多圆形、花瓣形和连珠纹形，近边缘处多围以一周连珠纹，也与众不同。

宋镜的纹饰总体上偏于纤细柔弱，题材以缠枝的花草、花鸟为主，也有神仙人物故事题材，多玉兔婵娟、飞天云鹤、仙人龟鹤、鹿鹤同春等带祈祷长寿地的内容，还有罕见的蹴鞠纹，十分珍贵。金代镜则有童子戏莲和双鱼的题材，人物故事则有吴牛喘月、许由巢父、柳毅传书、罗汉渡海、对弈、投壶等，生活气息浓郁。

宋金时期的铜镜铭文发生了很大的变化，以商标纪名镜为主。铭记的格式是先标州名，再标姓或姓名，最后冠以"照子"或"照子记"之类的字样。商标铭记以湖州镜最为多见，还有苏州、饶州、杭州、常州等地的铸镜；也有私家铸镜只标明州名和铸镜工匠的姓和姓名，最后加"造"字。这些商标铭记，多则三行，少则一行，一般都置于钮的右侧，而带柄的湖州镜则多将铭文置于镜背的中部。金代的铜镜素缘比宋镜增宽一点，上面总是錾刻

有官府验记的字样，还带有画押。字体清晰，散而不规整，称作"官押镜"，是金镜最显著的特征。

8．元代铜镜

元代的铜镜造型仍以宋代的六出花型为主，但镜体大而厚重，镜质为黄铜，显得粗糙。铭文也具有鲜明的时代特点，多为一行商标纪年铭，也有吉祥语镜，四字绕钮，作"十"字读法，如"寿山福海"之类。

9．明清铜镜

明清时代的铜镜在艺术上乏善可陈，但因发达的商品经济推动，铸镜的数量不少，可供鉴别的特征也有一些。

明清镜的造型主要沿袭以前历代的式样，镜体比较大而厚重，棱角分明，比较规整。铜镜的质地以黄铜为主，色泽在明代多黄中闪白，至清代黄中闪黄。镜钮常采用银锭形或平顶圆柱形，在顶部往往有印章式的名款。花纹除了喜欢用龙、凤、鹿、花草、人物外，还新创了八宝、杂宝、百子等表示吉祥的图案，颇具新意。

铭文在明代隆庆后较受重视，内容有商标铭记和使用铭记两种。区别是前者往往冠以"造"、"铸造"、"记"、"置"、"办"的字样。其

中，明代的湖州薛思泉、薛仲溪等款号和清代的"薛惠公造"、"薛晋侯"款铭文则是当时著名的湖州薛家铸镜工匠及其作坊的名款。吉语铭文也很常见，有"长命富贵"、"状元及第"、"五子登科"、"鸾凤呈祥"、"金玉满堂"、"连升贵子"等，明代仍以"十"字形布局多见，清代则常在每个字外加方框，框外又常配置一些具有吉祥寓意的图案。

此外，明清两代的宫廷铸镜多数质量上佳，铜质精细，纹饰优美。清代还常常配有镜架、镜套和镜盒，格外别致有趣。

## 附：历代铜镜的主要类型

| 时代 | 铜镜的类型与品种 | | | 流行的主要时间 |
|---|---|---|---|---|
| 新石器时代 | 素镜 | | | |
| | 七角星纹镜 | | | |
| 商代 | 多圈凸弦纹镜 | | | |
| | 叶脉纹镜 | | | |
| | 平行线纹镜 | | | |
| 西周 | 素镜 | | | 早期 |
| | 重环纹镜 | | | 中期 |
| | 鸟兽纹镜 | | | 晚期 |
| 春秋战国 | 素镜 | | | |
| | 纯地纹镜 | 羽状地纹镜 | 涡粒状羽状地纹镜 | 战国早期流行至中期，晚期少见。 |
| | | | 变形羽状地纹镜 | |
| | | 云雷地纹镜 | | |
| | 花叶镜 | 叶纹镜（三叶、四叶、八叶） | | 四叶镜早期已有，花叶镜、花瓣镜属中期，中期后衰落 |
| | | 花瓣镜（四瓣、八瓣、十二瓣） | | |
| | | 花叶镜（八花叶、十二花叶） | | |

| 时代 | 铜镜的类型与品种 | | | 流行的主要时间 |
|---|---|---|---|---|
| **春****秋****战****国** | 山字镜 | 三山 | | 简单的春秋晚期已产生，主要流行于战国早、中期，晚期仍有发现。 |
| | | 四山（有五种式样） | | |
| | | 五山 | | |
| | | 六山（有两种式样） | | |
| | 菱纹镜 | 折叠式 | | 出现晚于四山镜，属战国中期。 |
| | | 连贯式 | | |
| | 禽兽纹镜 | 兽纹镜 | | 兽纹镜属战国早中期，其余几种出现于战国中期以后，流行于战国晚期。 |
| | | 饕餮纹镜 | | |
| | | 凤鸟纹镜 | | |
| | | 禽兽纹镜 | | |
| | 蟠螭纹镜 | 蟠螭纹镜 | 三弦钮蟠螭纹镜 | 三弦钮蟠螭纹镜流行于战国中期，其他类型属战国晚期。 |
| | | | 镂空钮蟠螭纹镜 | |
| | | 四叶蟠螭纹镜 | | |
| | | 蟠螭菱纹镜 | 三螭纹镜 | |
| | | | 三螭三凤纹镜 | |
| | | | 双线蟠螭纹镜 | |
| | 羽鳞纹镜 | | | 战国中期 |
| | 连弧纹镜 | 素地连弧纹镜（十一弧、八弧、六弧） | | 素地连弧纹镜和云雷纹地连弧纹镜出现于战国中期，云雷纹地蟠螭连弧纹镜出现于战国晚期，均流行于战国晚期至汉初。 |
| | | 云雷纹地连弧纹镜 | | |
| | | 云雷纹地蟠螭连弧纹镜（八弧、二区六弧） | | |
| | 彩绘镜 | | | 战国早中期 |
| | 多钮镜 | 雷纹缘镜 | | 出现于春秋中期，战国时仍流行 |
| | | 三角勾连雷纹镜 | | |
| | | 蛛网纹镜 | | |

| 时代 | 铜镜的类型与品种 | | 流行的主要时间 |
|---|---|---|---|
| 汉代 | 透雕镜 | 蟠螭纹透雕镜（方、圆两种） | 出现于春秋晚期，战国中期仍流行 |
| | | 禽兽透纹镜（方、圆及嵌石透纹方镜） | |
| | 金银错纹镜 | 金银错狩猎纹镜 | 战国中、晚期之交 |
| | | 金银错虺纹镜 | |
| | 蟠螭纹镜 | 缠绕式蟠螭纹镜 | 西汉早期 |
| | | 间隔式蟠螭纹镜 | |
| | | 规矩蟠螭纹镜 | |
| | | 变形蟠螭纹镜 | |
| | 蟠虺纹镜 | 方格四虺纹镜 | 西汉早、中期 |
| | | 连弧蟠虺纹镜 | |
| | 草叶纹镜 | 四乳草叶纹镜 | 西汉早、中期 |
| | | 四乳花瓣草叶纹镜 | |
| | | 规矩草叶纹镜 | |
| | 星云镜 | | 西汉中期 |
| | 连弧纹铭文镜 | 日光连弧纹镜 | 西汉中、晚期流行，以西汉晚期最盛。 |
| | | 昭明连弧纹镜 | |
| | | 清白连弧纹镜 | |
| | | 铜华连弧纹镜 | |
| | | 日有喜连弧纹镜 | |
| | 重圈铭文镜 | 日光重圈镜 | 同上 |
| | | 昭明重圈镜 | |
| | | 宜佳人重圈镜 | |
| | | 其它铭文重圈镜 | |
| | 四乳禽兽纹镜 | 四乳四虺纹镜 | 从西汉中晚期一直延续到东汉前期 |
| | | 四乳禽兽镜 | |
| | | 四乳神兽镜 | |

| 时代 | 铜镜的类型与品种 | | 流行的主要时间 |
|---|---|---|---|
| 汉<br><br>代 | 规矩纹镜 | 四神规矩镜 | 简化规矩镜盛行于东汉中、晚期，其余主要流行于王莽至东汉前期。 |
| | | 鸟兽纹规矩镜 | |
| | | 几何纹规矩镜 | |
| | | 简化规矩镜 | |
| | 多乳禽兽纹镜 | 多乳四神禽兽纹镜 | 东汉中、晚期 |
| | | 多乳禽鸟纹镜 | |
| | | 多乳禽兽纹镜 | |
| | 连弧纹镜 | 素连弧纹镜 | 东汉中叶出现并流行，"长宜子孙"连弧纹镜主要流行于东汉晚期。 |
| | | 云雷连弧纹镜 | |
| | | 长宜子孙连弧纹镜 | |
| | 变形四叶纹镜 | 变形四叶兽首镜 | 东汉晚期 |
| | | 变形四叶夔纹镜 | |
| | | 变形四叶八凤镜 | |
| | 夔凤（双凤）纹镜 | 直行铭文双夔凤纹镜 | 东汉中、晚期 |
| | | 双头龙凤纹镜 | |
| | 贴金规矩镜 | | 东汉晚期 |
| | 龙虎纹镜 | 龙虎对峙镜 | 东汉晚期 |
| | | 盘龙镜 | |
| | 神兽镜 | 重列式神兽镜 | 东汉中期以后流行 |
| | | 环绕式神兽镜 | |
| | | 环状乳神兽镜 | |
| | | 对置式神兽镜 | |
| | | 求心式神兽镜 | |
| | 画像镜 | 历史人物画像镜 | 东汉中期以后开始出现并流行 |
| | | 神人车马画像镜 | |
| | | 神人禽兽画像镜 | |
| | | 四神、禽兽画像镜 | |

| 时代 | 铜镜的类型与品种 | | 流行的主要时间 |
|---|---|---|---|
| 三国魏晋南北朝 | 神兽镜 | 重列式神兽镜（阶段式、变形式） | 流行于三国两晋时期 |
| | | 环绕式神兽镜 | |
| | | 画文带佛兽镜 | |
| | 变形四叶纹镜 | 变形四叶鸾凤镜 | 同上 |
| | | 变形四叶佛像鸾凤镜 | |
| | | 变形四叶兽首镜 | |
| | 夔凤（双凤）纹镜 | | 同上 |
| | 瑞兽镜 | | 同上 |
| | 十二生肖镜 | | 南北朝 |
| | 鸳鸯纹镜 | | 同上 |
| 隋 唐 | 四神十二生肖镜 | 十二生肖镜 | 隋与唐初 |
| | | 四神镜 | |
| | | 四神十二生肖镜 | |
| | 瑞兽镜 | 瑞兽铭带镜 | 铭带镜流行于隋唐初,花草纹镜流行于高宗时代 |
| | | 瑞兽花草镜 | |
| | 瑞兽葡萄镜 | 葡萄蔓枝镜 | 蔓枝镜流行于高宗时,后二者出现于高宗时,盛行于武则天时。 |
| | | 瑞兽葡萄镜 | |
| | | 瑞兽鸾凤葡萄镜 | |
| | 瑞兽鸾鸟镜 | | 最早出现于唐中宗时 |
| | 花鸟镜 | 雀绕花枝镜 | 流行于盛唐、中唐 |
| | | 对鸟镜 | |
| | 瑞花镜 | 宝相花铭带镜 | 除宝相花铭带镜流行于隋唐初之外,其他均流行于盛唐及以后。 |
| | | 菱花形宝相花镜 | |
| | | 葵花形宝相花镜 | |
| | | 花枝镜 | |
| | | 亚字形花叶镜 | |

| 时代 | 铜镜的类型与品种 | | 流行的主要时间 |
|---|---|---|---|
| 隋<br><br>唐 | 神仙人物<br>故事镜 | 月宫镜 | 流行于盛唐、中唐 |
| | | 飞仙镜（仙骑镜、飞仙镜） | |
| | | 真子飞霜镜 | |
| | | 三乐镜 | |
| | | 打马球镜 | |
| | | 狩猎镜 | |
| | 盘龙镜 | | 主要流行于盛唐，尤其<br>是玄宗时 |
| | 万字镜 | | 流行于中晚唐 |
| | 八卦镜 | 八卦镜 | 流行于八世纪中叶到<br>十世纪初 |
| | | 八卦百炼镜 | |
| | | 八卦十二生肖镜 | |
| | | 八卦干支镜 | |
| | | 八卦星象镜 | |
| | | 八卦双鸾镜 | |
| | 特种<br>工艺镜 | 金银平脱镜 | 流行于玄宗时极盛<br>时期或稍后 |
| | | 螺钿镜 | |
| | | 贴金贴银镜 | |
| 五<br><br>代<br><br>宋 | 都省坊铜镜 | | 五代、北宋 |
| | 千秋万岁铭镜 | | 五代 |
| | 素镜 | | 五代、宋 |
| | 缠枝花草镜（亚字形、圆形、菱花形、葵花形） | | 北宋 |
| | 花鸟镜 | | 宋 |
| | 蹴鞠纹镜 | | 宋 |
| | 神仙人物<br>故事镜 | 仙人龟鹤镜 | 宋 |
| | | 仙人驾鹤镜 | |
| | | 人物楼阁镜 | |

| 时代 | 铜镜的类型与品种 | | 流行的主要时间 |
|---|---|---|---|
| 五代宋 | 海舶镜 | | 宋 |
| | 八卦纹镜 | | 宋 |
| | 记名号铭镜（湖州、苏州缪家造、杭州大陆家造、婺州官、明州夏家、常州蒋家造、秀州黄家造、饶州、建康、成都） | | 宋 |
| 金代 | 人物故事镜 | 童子攀枝镜 | 金代 |
| | | 许由巢父故事镜 | |
| | | 吴牛喘月故事镜 | |
| | | 柳毅传书故事镜 | |
| | | 女人织纫镜 | |
| | | 带柄人物故事镜 | |
| | 双鱼镜 | | |
| | 盘龙镜 | | |
| | 瑞花镜 | | |
| | 瑞兽镜 | | |
| | 缠枝牡丹纹镜 | | |
| 元代 | 素镜 | | 元代 |
| | 神仙人物故事镜 | | |
| | 至元四年双龙镜 | | |
| | "寿山福海"铭文镜 | | |
| 明代 | 禽兽镜 | | 明代 |
| | 双鱼纹镜 | | |
| | 吉语铭文镜 | | |
| | 五岳真形镜 | | |
| | 仿制镜（仿汉昭明镜、日光镜、禽兽镜、仿唐菱花形鸾凤纹镜） | | |

| 时代 | 铜镜的类型与品种 | | 流行的主要时间 |
|---|---|---|---|
| 明<br><br>代 | 神仙人物<br><br>故 事 镜 | 人物多宝镜 | 明代 |
| | | 仙人楼台镜 | |
| | | 山水人物镜 | |
| | | 出行人物镜 | |
| | | 双龙纹镜 | |
| 清<br><br><br>代 | 兽 纹 镜 | 龙凤纹镜 | 清代 |
| | | 狮子滚绣球镜 | |
| | | 嘉庆双鱼纹镜 | |
| | | 双喜五蝠纹镜 | |
| | 吉 语<br><br>铭 文 镜 | 福寿双全镜 | |
| | | 岁寒三友镜 | |
| | | 清闲镜 | |
| | | 薛惠公镜 | |

## 附录: 主要参考书目

《中国青铜器全集·铜镜》文物出版社 1998 年版

陈佩芬《上海博物馆藏青铜镜》上海书画出版社 1987 年版

孔祥星《中国铜镜图典》文物出版社 1992 年版

孔祥星、刘一曼 《中国古代铜镜》文物出版社 1988 年版

孔祥星、刘一曼 《中国古铜镜》艺术图书公司 1994 年版

周世荣《古铜镜》渡假出版社有限公司 1996 年版

周世荣《中国历代铜镜鉴定》紫禁城出版社 1993 年版

郭玉海《故宫藏镜》紫禁城出版社 1996 年版

裴士京《铜镜》黄山书社 1995 年版

李泽奉、刘仲如《铜镜鉴赏与收藏》吉林科学技术出版社 1994 年版

何堂坤《中国古代铜镜的技术研究》紫禁城出版社 1999 年版

余继明《中国铜镜图鉴》浙江大学出版社 2000 年版

刘淑娟《辽代铜镜研究》沈阳出版社 1997 年版

马今洪《汉镜》上海科学普及出版社 1998 年版

樋口隆康《古镜》新潮社昭和五十四年十月版

河北省文物研究所《历代铜镜纹饰》河北美术出版社 1996 年版

台湾国立历史博物馆《息斋藏镜——王度铜镜珍藏册》

# 后 记

铜镜作为一个古玩的品种，很早就有人进行收藏和研究，因此留下的各种著录文字不少。近年来又因为考古发现的材料越来越多，各地的文物界也多有著述，再加上目下流行的各种收藏类的图书，数量相当可观。因此，对收藏者来说，资料的来源是很充足的。但多也有多的问题，这些材料的准确程度参差不齐，对一些问题的看法也公说公有理，婆说婆有理。有时甚至连一个铜镜的名称都有好几种不同的称呼，所以在运用、参照这些材料的时候，难免感到无从取舍，反而是篮里挑花，越挑越花。故此，我在编写这本小书的时候，就花了大量的精力来梳理这些庞杂的材料，希望能够把一些已经达成共识的观点简明清晰的告诉大家，使大家在收藏的时候能够有据可依。当然，愿望总是愿望，能不能达到目的，还是请各位读者来检验。

在我选用的观点和材料里，有很多来自中国历史博物馆的孔祥星、刘一曼先生。二位多年从事铜镜的研究工作，所著《中国古代铜镜》一书，资料翔实，论述精辟，是历来铜镜研究的必读书目，其中的观点也带有权威性和代表性。所以本书对铜镜的分类和一些讲法都按照二位的成说，借花献佛，以飨读者。上海博物馆收藏铜镜既众且好，研究工作也卓有成效，尤其在铜镜的铸造、加工等工艺问题上的见解十分独到。陈佩芬先生多年从事青铜器的研究，对馆藏的铜镜也多有精深的认识，关于透光镜成像原理的论述更是鞭辟入里。其上世纪八十年代所编著的《上海博物馆馆藏青铜镜》和由她参加编撰的《中国青铜器全集·铜镜》二书，图文并茂，说明详尽而科学，直到今天仍是铜镜研究最重要的参考书，给作者以很大的启发。本书有不少插图来自其中，坐享前辈栽树之荫，不胜感激之至。此外湖南省博物馆的周世荣先生亦是铜镜研究的老前辈，所著专书条分缕析，极其明晰，本书的一些图表借用周先生的整理，在此也要表示感谢。还有故宫博物院的程长新、程瑞秀二位，精通青铜鉴别辨伪之学，所编著的有关书籍具有很强的实用性，对我的帮助也很大。

这本书的题目，叫做《古镜》，原意是要把历代的各种镜子都加以介绍。但中国的古镜使用特色非常明显，几千年来，除了铜镜，几乎没有别的镜类。明清时代虽然出现了一些玻璃镜，但其流行一直要到近代，而且无论历史价值还是艺术性，都远不如铜镜，在收藏界中也形不成市场。所以无论研究的资料还是买卖的行情都无从寻找，只好舍弃不写。这样一来，这本书就成了专门介绍铜镜的了。

因为是写收藏的书，要从浅近、实用的角度来看这本书，要对读者的收藏有实际性的帮助，所以，我在写作的时候没有一味地采用描绘的写法，而是配了一些插图和表格，看上去虽然略嫌枯燥，但对于真正有兴趣进行收藏的人来说，可以对照寻索，应该是实用一些。

本书的写作，得到了各方面的帮助。上海博物馆的顾音海先生、谢海元先生为我提供了很多材料，还有李柏华、周祥、曹燕萍、吕建昌、张玉英、沈融、胡江、刘健等诸位朋友也给予了大力的支持，在此，我向他们表示衷心的感谢

作者<br>2002 年 8 月 28 日

**图书在版编目(CIP)数据**

古镜: 美的观照 / 陈晴编著. －上海: 上海
书店出版社, 2003.8
(珍藏赏玩书系)
ISBN 7-80622-865-9

Ⅰ.古...　Ⅱ.陈...　Ⅲ.古镜－鉴赏－中国
Ⅳ.K875.2

中国版本图书馆 CIP 数据核字(2003)第 008689 号

## 古镜——美的关照

主　编
吕建昌
编　著
陈　晴
责任编辑
那泽民
整体设计
那泽民
技术编辑
吴　放
出版发行
世纪出版集团 上海书店出版社
地　址
200001　上海福建中路193号　www.ewen.cc
制版印刷
上海精英彩色印务有限公司
开　本
889 × 1194mm　1/36
印　张
4.05
印　数
1－4000
版　次
2003 年 8 月第一版
印　次
2003 年 8 月第一次印刷
书　号
ISBN 7-80622-865-9/G ·169
定　价
35.00 元